대한민국 법령 시리즈 501

임업 및 산촌 진흥촉진에 관한 법률 (약칭 : 임업진흥법)

법령

시행령

시행규칙

해광출판사

머리말

이 책은 방대한 법전을 보지 않고 간편하게 해당되는 법령만 참고해서 볼 수 있도록 하였습니다. 공공기관이나 관련 종사자들이 쉽고 간편하게 해당 법령을 참조 할 수 있도록 하였습니다.

특히 해당법률은 물론 관련 시행령, 시행규칙을 함께 실어 관련법을 서로 참고할 수 있게 하였습니다.

법률이라는 것이 크든 작든 항상 변하는 관계로, 출간 이후의 정확하고 최신의 법률은 법제처 국가법령정보센터에서 확인이 가능하니 법률의 실제 적용 시 확인이 필요한 점 유의하기를 바랍니다.

편집부

* 수록 법률은 법제처 국가법령정보센터에서 확인 가능합니다.
* 발행일 기준 시행 법률이므로 최신 법령은 위 센터에서 볼 수 있습니다.
* 본 책자에 수록된 법률의 문구에 대하여 법적인 효력은 없으며,
  실제 적용 법률은 위 센터에서 최신의 법률로 확인하시기 바랍니다.
* 해당 법령과 함께 시행령, 시행규칙도 수록되어 있습니다.
* 발행일 기준으로 개정 예정 법률은 밑줄로 별도 표시되어 있으며,
  보다 정확한 것은 법제처에서 확인하기 바랍니다.

목차

임업 및 산촌 진흥촉진에 관한 법률
(약칭 : 임업진흥법)

[시행 2022. 9. 11.] [법률 제18884호, 2022. 6. 10., 일부개정]

**개정 예정 법률 밑줄 별도 표시.

임업 및 산촌 진흥촉진에 관한 법률 (약칭 : 임업진흥법)

[시행 2022. 9. 11.] [법률 제18884호, 2022. 6. 10., 일부개정]

제1장 총칙

제1조(목적) 이 법은 임업의 구조를 개선하여 임업인의 권익을 증진하고 임업의 경쟁력을 강화하며, 뒤떨어진 산촌지역을 진흥시켜 그 지역 주민의 삶의 질을 높이고, 나아가 국토의 균형적 발전과 국민경제의 건전한 발전에 이바지하는 것을 목적으로 한다.

제2조(정의) 이 법에서 사용하는 용어의 뜻은 다음과 같다. 〈개정 2008. 2. 29., 2008. 12. 26., 2010. 2. 4., 2013. 3. 23., 2016. 5. 29., 2017. 3. 21., 2019. 1. 8., 2019. 12. 3.〉

1. "임업"이란 영림업(「산림문화·휴양에 관한 법률」과 「수목원·정원의 조성 및 진흥에 관한 법률」에 따른 자연휴양림, 수목원 및 정원의 조성 또는 관리·운영을 포함한다), 임산물생산업, 임산물유통·가공업, 야생조수사육업과 이에 딸린 업으로서 농림축산식품부령으로 정하는 업을 말한다.

2. "임업인"이란 임업에 종사하는 자로서 대통령령으로 정하는 자

를 말한다.

3. "임산물"이란 「산림자원의 조성 및 관리에 관한 법률」 제2조제7호의 임산물을 말한다.

3의2. "특별관리임산물"이란 소비자의 보호 및 품질향상을 위하여 특별한 관리가 필요한 임산물로서 산양삼과 그 밖에 대통령령으로 정하는 임산물(건조된 것을 포함한다)을 말한다.

3의3. "산양삼"이란 「산지관리법」 제2조제1호의 산지에서 재배하고, 이 법 제18조의4에 따른 품질검사에 합격한 오갈피나무과(科) 인삼속(人蔘屬) 식물을 말한다.

3의4. "임업기계장비"란 임업분야에 사용되는 기계, 장비 및 도구로서 농림축산식품부령으로 정하는 것을 말한다.

4. "임업후계자"란 임업의 계승·발전을 위하여 임업을 영위할 의사와 능력이 있는 사람으로서 농림축산식품부령으로 정하는 요건을 갖춘 사람을 말한다.

5. "독림가(篤林家)"란 산림을 모범적으로 경영하고 있는 자로서 대통령령으로 정하는 요건을 갖춘 자를 말한다.

6. "산촌"이란 「산림기본법」 제3조제2호에 따른 지역을 말한다.

7. "산촌진흥지역"이란 「산림기본법」 제28조제1항에 따라 지정된 지역을 말한다.

8. "산촌진흥특화사업"이란 산촌지역에 특화된 산림과 산림자원을 활용하여 산촌을 자연친화적으로 개발함으로써 산촌에 거주하는 주민의 소득을 안정적으로 확보하고 삶의 질을 개선하기 위한 사업을 말한다.

제3조(임업경영·산촌진흥의 기본원칙) ①임업경영은 산림의 보전과 이용이 조화를 이룰 수 있도록 다음 각 호의 기본원칙에 따라 이루어져야 한다.

1. 산림은 「산지관리법」 제4조에 따른 산지의 구분에 따라 계획적으로 관리하여야 한다.

2. 산림은 자연생태계의 자정능력, 생물다양성, 야생 동·식물의 서식조건 및 자연경관의 특성이 유지될 수 있도록 조성·관리하여야 한다.

3. 산림은 국민의 보건·휴양의 증진에 기여할 수 있도록 조성·관리하여야 한다.

4. 산림은 임업의 생산성을 늘리고 그 부가가치를 높일 수 있도록 합리적으로 경영하여야 한다.

②산촌진흥은 다음 각 호의 기본원칙에 따라 이루어져야 한다.

1. 산촌을 산림관리의 거점지역으로 육성하여 산림자원의 보전·증식을 적극 도모하여야 한다.

2. 산림생태계 및 동·식물 보존 등 환경에 미치는 영향을 고려하여 산촌을 자연친화적으로 개발하여야 한다.

3. 산촌의 고유한 문화와 전통을 계승·발전하도록 하여야 한다.

제3조의2(임업인의 날) ① 임업·산촌의 소중함을 국민에게 알리고, 임업인의 긍지와 자부심을 고취하기 위하여 매년 11월 1일을 임업인의 날로 정한다.

② 국가와 지방자치단체는 제1항에 따른 임업인의 날에 적합한 행사 등 사업을 실시하도록 노력하여야 한다.

[본조신설 2020. 3. 24.]

제4조(재정지원) 국가 및 지방자치단체는 임업의 구조개선과 임업진흥을 위하여 다음 각 호의 사업을 하는 자에게 그 사업비의 전부 또는 일부를 융자하거나 보조할 수 있다. 이 경우 산림의 공익성, 투자기간의 장기성, 저수익성 등 임업의 특성을 고려하여야 한다. 〈개정 2011. 7. 25.〉

1. 조림 또는 육림
2. 임업종묘의 생산
3. 임산물의 생산·유통·이용·가공 또는 보관
4. 임도의 조성·유지 또는 관리
5. 임업인의 산촌정착을 위한 시설 또는 장비의 지원

5의2. 임업기계장비의 개발·보급 및 교육

6. 임업경영규모를 늘리기 위한 산림의 취득
7. 그 밖에 임업경영 및 산림소득증대를 위하여 대통령령으로 정하는 사업

제2장 임업의 구조개선

제5조(소유구조개선) ①산림청장 또는 지방자치단체의 장은 산림의 소유구조개선 등 임업의 생산성을 높이는 데에 필요한 시책을 수립하여 추진하여야 한다.

②산림청장 또는 지방자치단체의 장은 사유림의 소유자가 산림의 소유규모를 늘리기 위하여 산림을 교환 또는 매입하려는 경우 필요한 지원을 할 수 있다.

제6조(경영구조 개선) ①산림청장 또는 지방자치단체의 장은 사유림을 효율적으로 경영할 수 있도록 대통령령으로 정하는 바에 따라 임업의 협업경영 및 대리경영에 관한 시책을 수립하여 추진하여야 한다. 〈개정 2012. 10. 22.〉

②산림청장 또는 지방자치단체의 장은 규모 있게 임업을 경영하여 경쟁력을 높일 수 있도록 대통령령으로 정하는 바에 따라 겸업임업·전업임업 및 기업임업에 관한 시책을 수립하여 추진하여야 한다.

제7조(유통구조 개선) ①산림청장 또는 지방자치단체의 장은 임산물의 원활한 수급과 직거래의 활성화 및 가격안정을 위하여 필요하다고 인정하면 임산물 유통시설의 설치·운영 등 유통구조를 개선하기 위하여 필요한 조치를 할 수 있다.

②산림청장 또는 지방자치단체의 장은 임산물의 유통구조를 개선하기 위하여 필요하다고 인정하면 목재 종합 집하장 등 임산물 유통시설을 설치·운영하는 자에게 시설자금과 그 밖에 필요한 지원을 할 수 있다. 〈개정 2012. 10. 22.〉

③산림청장 또는 지방자치단체의 장은 제2항에 따른 지원을 받은 자에게 농림축산식품부령으로 정하는 바에 따라 임산물 유통정보를 제공하게 할 수 있다. 〈개정 2008. 2. 29., 2012. 10. 22., 2013. 3. 23.〉

제8조(임산물 소득원의 개발·육성 지원) ① 산림청장 또는 특별시장·광역시장·도지사 또는 특별자치도지사·특별자치시장(이하 "시·도지사"라 한다)은 산림소득을 늘리기 위하여 필요하다고 인정하면 품목과 구역을 지정하여 토석 외의 임산물 소득원의 개발·육성을

위한 지원 시책을 수립하여 추진할 수 있다. 〈개정 2011. 7. 25.〉

②제1항에 따른 임산물 소득원의 지원 대상 품목과 구역의 지정, 지정변경 · 해제, 그 밖에 필요한 사항은 대통령령으로 정한다.

제9조(산림의 복합경영 지원) ① 산림청장 또는 시 · 도지사는 임업인이 지속적이며 안정적으로 산림소득을 얻을 수 있도록 목재생산과 함께 단기 소득 사업을 복합적으로 경영하는 데에 필요한 지원을 할 수 있다.

② 산림청장 또는 시 · 도지사는 제1항에 따른 지원을 원활하게 추진하기 위하여 유형별 경영모형, 적합한 산림작물, 산지재배기술 등을 개발 · 보급하여야 한다.

[전문개정 2011. 7. 25.]

제9조의2(산림경영 교육 · 훈련등 지원) ① 산림청장 또는 시 · 도지사는 임업소득 증대 및 산림경영 활성화를 위하여 임업인 또는 산림경영을 하려는 자를 대상으로 임업소득 증대 및 산림경영에 관한 교육 · 훈련 및 상담 · 자문 · 지도(이하 "교육 · 훈련등"이라 한다) 업무의 지원 계획을 수립 · 시행하여야 한다. 〈개정 2019. 12. 3.〉

② 산림청장은 교육 · 훈련등을 효율적으로 실시하기 위하여 농림축산식품부령으로 정하는 기준 · 절차에 따라 교육 · 훈련등을 전문적으로 실행하는 기관(이하 "전문교육기관"이라 한다)을 지정할 수 있다. 〈개정 2013. 3. 23.〉

③ 산림청장은 교육 · 훈련등을 농림축산식품부령으로 정하는 바에 따라 전문교육기관에 위탁할 수 있으며, 이에 필요한 비용의 전부 또는 일부를 지원할 수 있다. 〈개정 2019. 12. 3.〉

④ 전문교육기관이 교육·훈련등을 실시하려는 경우에는 농림축산식품부령으로 정하는 바에 따라 미리 산림청장에게 교육·훈련등 프로그램을 신고하여야 한다. 신고한 사항을 변경하려는 경우에도 또한 같다. 〈개정 2016. 5. 29., 2019. 12. 3., 2022. 6. 10.〉

⑤ 산림청장은 제4항에 따른 신고를 받은 날부터 30일(변경신고의 경우에는 10일) 이내에 신고수리 여부를 신고인에게 통지하여야 한다. 〈신설 2019. 12. 3., 2022. 6. 10.〉

⑥ 산림청장이 제5항에서 정한 기간 내에 신고수리 여부 또는 민원 처리 관련 법령에 따른 처리기간의 연장을 신고인에게 통지하지 아니하면 그 기간(민원 처리 관련 법령에 따라 처리기간이 연장 또는 재연장된 경우에는 해당 처리기간을 말한다)이 끝난 날의 다음 날에 신고를 수리한 것으로 본다. 〈신설 2019. 12. 3.〉

[전문개정 2011. 7. 25.]

제9조의3(전문교육기관 지정의 취소 등) ① 산림청장은 제9조의2제2항에 따라 전문교육기관으로 지정받은 자가 다음 각 호의 어느 하나에 해당하는 경우에는 농림축산식품부령으로 정하는 바에 따라 그 지정을 취소하거나 시정을 명할 수 있다. 다만, 제1호에 해당하는 경우에는 그 지정을 취소하여야 한다.

1. 거짓이나 그 밖의 부정한 방법으로 지정을 받은 경우

2. 제9조의2제2항에 따른 지정기준에 적합하지 아니하게 된 경우

3. 제9조의2제2항에 따라 전문교육기관으로 지정받은 날부터 2년 이내에 교육과정을 개설하지 아니하거나 2년 이상 전문교육기관을 운영하지 아니하는 경우

4. 제9조의2제4항에 따라 신고한 교육·훈련등 프로그램과 다르게 운영한 경우

② 산림청장은 제1항에 따라 전문교육기관의 지정이 취소된 자(법인인 경우에는 그 대표자를 포함한다)에 대해서는 그 지정이 취소된 날부터 1년 이내에 전문교육기관으로 지정해서는 아니 된다. 다만, 제1항제1호의 사유로 지정이 취소된 경우에는 그 지정이 취소된 날부터 2년 이내에 전문교육기관으로 지정해서는 아니 된다.

[본조신설 2020. 5. 26.]

제10조(임산물 가공업의 지원 등) ① 산림청장 또는 시·도지사는 임산물의 원활한 수급 및 가격안정을 위하여 임산물 가공업자에게 가공시설자금을 지원하는 등 필요한 지원을 할 수 있다.

② 제1항에 따른 지원의 방법 및 대상, 그 밖에 지원에 필요한 사항은 농림축산식품부령으로 정한다. 〈개정 2013. 3. 23.〉

[전문개정 2011. 7. 25.]

제11조(지속가능한 산림경영 산물 우선구매) ① 산림청장 또는 시·도지사는 지속가능한 산림경영을 이행하기 위하여 국산재로 만든 제품의 판매촉진 등 필요한 시책을 강구하여야 한다.

② 산림청장 또는 시·도지사는 제1항에 따른 제품의 판매촉진을 위하여 공공기관에 우선구매 등 필요한 조치를 요구할 수 있다.

③ 제2항에 따른 요구를 받은 공공기관의 장은 특별한 사유가 없으면 그 요구에 따라야 한다.

[전문개정 2011. 7. 25.]

제12조 삭제 〈2012. 5. 23.〉

제13조(산지목재비축계약 등) ①시·도지사는 산림 안에 있는 입목을 보호·육성하여 목재 자원을 증대하고 이를 바탕으로 목재를 장기적이고 안정적으로 공급하기 위하여 필요하면 산림소유자(저당권 등 입목에 관한 권리제한이 있는 산림의 소유자는 제외한다. 이하 같다)와 일정한 기간은 입목의 벌채를 할 수 없도록 하는 계약(이하 "산지목재비축계약"이라 한다)을 체결할 수 있다. 〈개정 2012. 10. 22.〉

②산지목재비축계약을 체결할 수 있는 산림의 범위, 입목의 축적·수령, 그 밖에 필요한 사항은 농림축산식품부령으로 정한다. 〈개정 2008. 2. 29., 2013. 3. 23.〉

③시·도지사는 산불·수해·병해충 피해 등으로 입목이 소실되는 등 대통령령으로 정하는 사유가 있으면 산지목재비축계약을 변경하거나 해제할 수 있다. 〈개정 2012. 10. 22.〉

④시·도지사는 산지목재비축계약을 체결한 산림소유자에게 계약이행에 필요한 자금의 전부 또는 일부를 지원할 수 있다. 〈개정 2012. 10. 22.〉

⑤시·도지사는 제4항에 따라 자금을 지원하는 때에는 산림소유자에게 산지목재비축계약을 체결할 입목을 「입목에 관한 법률」에 따라 보험에 가입하게 하고 저당권을 설정하게 할 수 있다. 〈개정 2012. 10. 22.〉

⑥산지목재비축계약의 체결·변경·해제, 저당권의 설정 및 보험가입의 절차 등에 필요한 사항은 농림축산식품부령으로 정한다. 〈개정 2008. 2. 29., 2013. 3. 23.〉

제14조(목재비축림의 고시 등) 시·도지사는 산지목재비축계약을 체

결하면 농림축산식품부령으로 정하는 바에 따라 그 입목이 있는 산림(이하 "목재비축림"이라 한다)의 소유자, 위치, 면적 등을 고시하여야 한다. 제13조제3항에 따라 산지목재비축계약을 변경 또는 해제한 경우에도 또한 같다. 〈개정 2008. 2. 29., 2012. 10. 22., 2013. 3. 23.〉

제15조(행위제한) 목재비축림 안에서는 산림의 형질변경, 입목의 벌채 또는 임산물의 굴취·채취를 할 수 없다. 다만, 다음 각 호의 어느 하나에 해당하면 그러하지 아니하다. 〈개정 2008. 2. 29., 2012. 10. 22., 2013. 3. 23.〉

1. 전쟁 그 밖에 이에 준하는 재난에 긴급하게 사용하기 위하여 시·도지사가 용도를 지정하여 입목을 벌채하는 경우

2. 농림축산식품부령으로 정하는 자의 동의를 받아 산사태, 산불 등 재해예방 및 피해복구, 입목의 병해충 방제 등을 위하여 필요한 경우

3. 고사목의 제거, 가지·잎의 채취, 그 밖에 대통령령으로 정하는 경우

제16조(산림의 이용·지원) ① 산림청장 또는 시·도지사는 공유림 또는 사유림의 소유자가 「산지관리법」 제4조에 따른 산지의 구분의 목적을 저해하지 아니하는 범위에서 다음 각 호의 어느 하나에 해당하는 사업을 하려는 경우에는 이를 지원할 수 있다

1. 산림욕장의 조성사업

2. 산림 안의 주차휴양단지의 조성사업

3. 목조주택전원단지의 조성사업

4. 그 밖에 임업진흥촉진을 위하여 필요하다고 대통령령으로 정하는 사업

② 제1항에 따른 지원범위나 그 밖에 지원에 필요한 사항은 농림축산식품부령으로 정한다. 〈개정 2013. 3. 23.〉

[전문개정 2011. 7. 25.]

제17조(임업후계자 등의 육성) ① 산림청장 또는 시·도지사는 농림축산식품부령으로 정하는 바에 따라 임업후계자를 선발하고, 임업후계자가 지역사회의 임업을 선도할 수 있도록 필요한 지원을 하여야 한다. 〈개정 2013. 3. 23.〉

② 산림청장 또는 시·도지사는 대통령령으로 정하는 바에 따라 독림가를 선정하고 독림가의 육성에 필요한 지원을 하여야 한다.

③ 산림청장 또는 시·도지사는 제1항 또는 제2항에 따라 임업후계자로 선발된 자 또는 독림가로 선정된 자가 다음 각 호의 어느 하나에 해당하면 그 선발 또는 선정을 취소할 수 있다. 다만, 제2호·제4호 및 제5호에 해당하면 그 선발 또는 선정을 취소하여야 한다.

1. 임업후계자 또는 독림가가 선발·선정 요건을 상실한 경우
2. 임업후계자 또는 독림가가 사망한 경우
3. 이 법 또는 「산지관리법」·「산림자원의 조성 및 관리에 관한 법률」·「국유림의 경영 및 관리에 관한 법률」을 위반하여 금고 이상의 형을 선고받은 경우
4. 임업후계자 또는 독림가로 선발되거나 선정된 자가 그 취소를 원하는 경우

5. 거짓이나 그 밖의 부정한 방법으로 임업후계자 또는 독림가로 선발되거나 선정된 경우

[전문개정 2011. 7. 25.]

제17조의2(임업분야 교육 지원 등) ① 산림청장은 임업분야 수요에 맞는 인력을 양성하기 위하여 임업 및 산림 분야 계열학교가 실시하는 임업실습교육, 임업창업교육 등 임업분야 교육을 지원할 수 있다.

② 산림청장은 임업분야의 고용 창출 및 창업에 대한 활성화 사업을 할 수 있다.

③ 제1항에 따른 교육 지원과 제2항에 따른 활성화 사업의 방법 등에 필요한 사항은 대통령령으로 정한다.

[본조신설 2017. 3. 21.]

제18조(임업기능인의 양성) ①산림청장 및 시·도지사는 대통령령으로 정하는 바에 따라 임업분야의 기능인력을 안정적으로 확보하기 위하여 기능인을 양성하고, 취업알선, 고용안정 및 근로조건개선 등 기능인의 지위를 높여줄 수 있는 시책을 수립하여 추진할 수 있다. 〈개정 2011. 7. 25.〉

② 삭제 〈2017. 3. 21.〉

[제목개정 2017. 3. 21.]

제3장 특별관리임산물의 관리 〈신설 2010. 2. 4.〉

제18조의2(특별관리임산물의 생산) ① 특별관리임산물을 생산(특별관리임산물의 종자·종묘의 생산을 포함한다. 이하 같다)하려는 자는 대통령령으로 정하는 임산물품질관리 업무를 전문적으로 수행하

기 위하여 설립된 기관 또는 단체(이하 “전문기관”이라 한다)에서 조사한 생산적합성조사 결과를 첨부하여 산림청장에게 신고하여야 한다. 다만, 대통령령으로 정하는 경우에는 생산적합성조사 결과를 첨부하지 아니하고 신고할 수 있다. 〈개정 2019. 12. 3.〉

② 산림청장은 제1항에 따른 신고를 받은 경우에는 생산적합성조사 결과가 대통령령으로 정하는 기준에 적합한지 검토하여 신고를 받은 날부터 10일 이내에 신고수리 여부를 신고인에게 통지하여야 한다. 〈개정 2019. 12. 3.〉

③ 제1항에 따라 신고한 자가 신고한 사항 중 농림축산식품부령으로 정하는 중요한 사항을 변경하려는 경우에는 산림청장에게 신고하여야 한다. 〈개정 2013. 3. 23., 2019. 12. 3.〉

④ 산림청장은 제3항에 따른 변경신고를 받은 날부터 2일 이내에 신고수리 여부를 신고인에게 통지하여야 한다. 〈신설 2019. 12. 3.〉

⑤ 산림청장이 제2항 또는 제4항에서 정한 기간 내에 신고수리 여부 또는 민원 처리 관련 법령에 따른 처리기간의 연장을 신고인에게 통지하지 아니하면 그 기간(민원 처리 관련 법령에 따라 처리기간이 연장 또는 재연장된 경우에는 해당 처리기간을 말한다)이 끝난 날의 다음 날에 신고를 수리한 것으로 본다. 〈신설 2019. 12. 3.〉

⑥ 산림청장은 제1항 또는 제3항에 따른 신고 또는 변경신고를 위하여 실시하는 생산적합성조사에 소요되는 경비의 전부 또는 일부를 농림축산식품부령으로 정하는 바에 따라 생산자에게 지원할 수 있다. 〈신설 2017. 3. 21., 2019. 12. 3.〉

⑦ 제1항부터 제5항까지의 규정에 따른 신고·변경신고 또는 신

고의 수리에 필요한 사항은 농림축산식품부령으로 정한다. 〈개정 2013. 3. 23., 2017. 3. 21., 2019. 12. 3.〉

[본조신설 2010. 2. 4.]

제18조의3(생산과정의 확인 등) ① 특별관리임산물을 생산하는 자(이하 "생산자"라 한다)는 대통령령으로 정하는 바에 따라 특별관리임산물의 생산과정을 기록·관리하여야 한다.

② 생산자는 특별관리임산물의 생산과정에서 대통령령으로 정하는 농약 또는 비료를 사용하여서는 아니 된다.

③ 생산자는 대통령령으로 정하는 기간마다 제1항에 따라 기록한 생산과정의 정확성에 관하여 전문기관에서 확인을 받아야 한다.

[본조신설 2010. 2. 4.]

제18조의4(품질검사) ① 생산자가 특별관리임산물을 유통·판매하고자 하거나 특별관리임산물을 수입한 자(이하 "수입자"라 한다)가 이를 통관하고자 하는 경우에는 전문기관에서 미리 품질검사를 받아야 한다. 이 경우 산림청장은 품질검사에 필요한 비용의 전부 또는 일부를 농림축산식품부령으로 정하는 바에 따라 생산자에게 지원할 수 있다. 〈개정 2017. 3. 21.〉

② 제1항에 따라 품질검사를 받은 자가 검사결과에 대하여 이의가 있을 때에는 대통령령으로 정하는 바에 따라 이의신청을 하고 다시 품질검사를 받을 수 있다.

③ 제1항 및 제2항에 따른 품질검사의 기준·유효기간·절차, 그 밖에 필요한 사항은 대통령령으로 정한다.

[본조신설 2010. 2. 4.]

제18조의5(폐기명령 등) ① 산림청장은 제18조의4제1항 및 제2항에 따른 품질검사를 한 결과 제18조의3제2항을 위반하였거나 제18조의4제3항에 따른 품질검사의 기준에 적합하지 아니한 경우에는 다음 각 호의 구분에 따라 생산자 또는 수입자에게 폐기 또는 반송 명령을 하여야 한다.

1. 생산자: 생산신고한 구역에서 재배하는 특별관리임산물의 전부 또는 일부 폐기

2. 수입자: 수입신고한 특별관리임산물의 전부 또는 일부 폐기 또는 반송

② 제1항의 폐기명령 또는 반송명령을 받은 생산자 또는 수입자는 명령받은 내용대로 특별관리임산물을 폐기 또는 반송하여야 한다.

③ 제2항에 따른 폐기는 관계 공무원이 입회한 자리에서 대통령령으로 정하는 방법으로 하여야 한다.

④ 산림청장은 생산자 또는 수입자가 제2항의 폐기 또는 반송 의무를 이행하지 아니한 경우에는 「행정대집행법」을 준용하여 특별관리임산물을 폐기할 수 있다.

[본조신설 2010. 2. 4.]

제18조의6(품질표시 등) ① 생산자 또는 수입자가 제18조의4제3항의 품질검사의 기준에 적합한 특별관리임산물을 유통·판매 또는 통관하고자 하는 경우에는 대통령령으로 정하는 규격으로 포장하여야 한다. 구입한 특별관리임산물을 다시 판매하는 자(이하 "판매자"라 한다)의 경우에도 같다.

② 생산자·수입자 또는 판매자가 특별관리임산물을 유통·판매 또는 통관하고자 하는 때에는 제18조의4제1항 및 제2항에 따른 품질검사의 결과를 소비자가 쉽게 알아볼 수 있는 위치에 표시(이하 "품질표시"라 한다)하여야 한다.

③ 품질표시의 내용·방법, 그 밖에 필요한 사항은 대통령령으로 정한다.

[본조신설 2010. 2. 4.]

제18조의7(특별관리임산물의 유통관리) ① 산림청장은 특별관리임산물의 품질관리를 위하여 필요하다고 인정되는 경우에는 전문기관, 특별자치시장·시장(「제주특별자치도 설치 및 국제자유도시 조성을 위한 특별법」에 따른 행정시의 시장을 포함한다. 이하 같다)·군수·구청장(자치구의 구청장을 말한다. 이하 같다)으로 하여금 유통·판매되고 있는 제품을 수거하여 다음 각 호의 사항에 적합한지에 대하여 조사·검사하게 하거나 관련 서류를 열람하게 할 수 있다. 〈개정 2017. 3. 21., 2019. 12. 3.〉

1. 제18조의4제1항 또는 제2항에 따른 품질검사를 받았는지 여부
2. 제18조의4제3항의 품질검사 기준에 적합한지 여부
3. 제18조의6제1항 및 제2항에 따른 규격 및 품질표시가 정확한지 여부

② 특별관리임산물의 소유자·점유자 또는 관리인은 제1항에 따른 수거·조사·검사 또는 열람을 정당한 사유 없이 거부·방해 또는 기피하여서는 아니 된다.

③ 누구든지 제18조의4에 따른 품질검사를 받은 특별관리임산물

이외의 것을 특별관리임산물로 오인·혼동하게 할 우려가 있는 표시 또는 광고를 하여서는 아니 된다. 〈신설 2019. 1. 8.〉

[본조신설 2010. 2. 4.]

제18조의8(정보공개) 산림청장은 다음 각 호의 사항을 농림축산식품부령으로 정하는 바에 따라 공개하거나 전문기관으로 하여금 공개하도록 하여야 한다. 〈개정 2013. 3. 23.〉

1. 제18조의3에 따른 생산과정의 확인 내역
2. 제18조의4제1항 및 제2항에 따른 품질검사의 결과
3. 제18조의5에 따른 폐기 또는 반송 명령의 내용

[본조신설 2010. 2. 4.]

제18조의9(통계조사) ① 산림청장은 특별관리임산물의 품질관리·육성에 필요한 정책을 효율적으로 수립하기 위하여 특별관리임산물의 생산·유통·소비 등에 관하여 통계조사를 실시할 수 있다. 이 경우 통계의 작성에 관해서는 「통계법」의 관련 규정을 준용한다.

② 산림청장은 제1항에 따른 통계조사에 필요하다고 인정하는 때에는 관계 중앙행정기관의 장, 지방자치단체의 장, 「공공기관의 운영에 관한 법률」 제4조에 따른 공공기관의 장, 관련 산업의 사업자에게 필요한 자료·정보의 제공을 요청할 수 있다. 이 경우 자료·정보의 제공을 요청받은 관계 중앙행정기관의 장 등은 특별한 사유가 없으면 이에 따라야 한다.

③ 제1항 및 제2항에 따른 통계조사의 범위, 방법 및 그 밖에 필요한 사항은 농림축산식품부령으로 정한다.

[본조신설 2019. 1. 8.]

제18조의10(수출 촉진 등) ① 국가 또는 지방자치단체는 특별관리임산물의 국제화와 관련 제품의 수출 촉진을 위하여 특별관리임산물유통센터를 설치하여 운영하려는 자에게 필요한 예산을 지원할 수 있다.

② 국가 또는 지방자치단체는 특별관리임산물의 국제화 및 수출 촉진을 위하여 다음 각 호의 사항을 추진할 수 있다.

1. 특별관리임산물과 관련된 정보 · 기술 · 인력의 교류
2. 특별관리임산물과 관련된 국제학술대회 · 박람회 개최 등
3. 특별관리임산물과 관련된 해외수출을 위한 상담

③ 그 밖에 수출 촉진 등을 위하여 필요한 사항은 농림축산식품부령으로 정한다.

[전문개정 2017. 3. 21.]

제3장의2 임업기계장비의 품질인증 등 〈신설 2017. 3. 21.〉

제18조의11(임업의 기계화) ① 산림청장은 임업생산성을 높이기 위하여 다음 각 호의 사항을 포함하는 임업기계장비의 개발 · 보급 · 교육 및 이용 활성화 계획(이하 "임업기계화계획"이라 한다)을 수립하여 시행하여야 하며, 시 · 도지사는 필요할 경우 지역적 특성에 맞는 임업기계화계획을 수립할 수 있다. 〈개정 2022. 6. 10.〉

1. 임업기계화 장기 대책 목표 및 추진방향
2. 임업기계장비의 확충에 관한 사항
3. 임업기계장비 관계 법령의 정비 등 제도개선에 관한 사항

4. 임업기계장비 관련 인력양성 및 교육훈련에 관한 사항
5. 임업기계장비의 개발 연구에 관한 사항
6. 임업기계장비의 이용 활성화에 대한 사항
7. 임업기계장비의 품질인증에 관한 사항
8. 그 밖에 임업기계장비의 개발·보급·교육 및 이용의 활성화에 필요한 사항

② 산림청장은 제1항에 따라 개발·보급한 임업기계장비의 유지보수 및 관리, 부대시설의 설치·운영 등에 필요한 자금의 전부 또는 일부를 지원할 수 있다. 〈신설 2022. 6. 10.〉

[본조신설 2017. 3. 21.]

제18조의12(임업기계장비의 품질인증) ① 산림청장은 산림작업자의 안전관리 및 임업생산성 향상을 위하여 임업기계장비에 대한 품질인증(이하 "품질인증"이라 한다)을 할 수 있다.

② 품질인증을 받으려는 자는 대통령령으로 정하는 바에 따라 산림청장에게 품질인증을 신청하여야 한다.

③ 품질인증의 기준·절차·방법 및 유효기간 등은 대통령령으로 정한다.

[본조신설 2017. 3. 21.]

제18조의13(품질인증의 표시) ① 품질인증을 받은 자는 품질인증을 받은 임업기계장비의 표면 등에 농림축산식품부령으로 정하는 바에 따라 품질인증 표시를 할 수 있다.

② 품질인증을 받지 아니한 자는 품질인증 표시 또는 이와 유사한 표시를 하여서는 아니 된다.

[본조신설 2017. 3. 21.]

제18조의14(품질인증의 취소) 산림청장은 품질인증을 받은 자가 다음 각 호의 어느 하나에 해당하는 경우에는 품질인증을 취소할 수 있다. 다만, 제1호에 해당하는 경우에는 품질인증을 취소하여야 한다.

1. 거짓이나 그 밖의 부정한 방법으로 품질인증을 받은 경우
2. 제18조의12제3항에 따른 품질인증의 기준에 적합하지 아니하게 된 경우

[본조신설 2017. 3. 21.]

제18조의15(품질인증기관의 지정 등) ① 산림청장은 품질인증 업무를 효율적으로 수행하기 위하여 품질인증에 필요한 인력과 시설을 갖춘 자를 품질인증기관으로 지정할 수 있다.

② 품질인증기관으로 지정을 받으려는 자는 산림청장에게 신청하여야 하며 품질인증기관으로 지정받은 후 농림축산식품부령으로 정하는 중요 사항이 변경되었을 때에는 변경신고를 하여야 한다. 다만, 제18조의16에 따라 품질인증기관의 지정이 취소된 후 2년이 지나지 아니한 경우에는 신청할 수 없다.

③ 산림청장은 품질인증기관에 대하여 예산의 범위에서 품질인증 업무를 수행하는 데 필요한 비용의 전부 또는 일부를 지원할 수 있다.

④ 품질인증기관의 지정기준, 지정절차 및 품질인증 업무의 범위 등에 필요한 사항은 농림축산식품부령으로 정한다.

[본조신설 2017. 3. 21.]

제18조의16(품질인증기관의 지정 취소 등) ① 산림청장은 품질인증기관이 다음 각 호의 어느 하나에 해당하는 경우에는 그 지정을 취소하거나 6개월 이내의 기간을 정하여 품질인증 업무의 전부 또는 일부의 정지를 명할 수 있다. 다만, 제1호 및 제2호에 해당하는 경우에는 품질인증기관의 지정을 취소하여야 한다.

1. 거짓이나 그 밖의 부정한 방법으로 품질인증기관으로 지정받은 경우

2. 업무정지 기간 중 품질인증 업무를 수행한 경우

3. 제18조의15제2항에 따른 변경신고를 하지 아니하고 품질인증 업무를 계속한 경우

4. 제18조의15제4항에 따른 지정기준에 적합하지 아니하게 된 경우

5. 제18조의15제4항에 따른 업무범위를 위반하여 품질인증 업무를 한 경우

6. 정당한 사유 없이 1년 이상 계속하여 품질인증 업무를 수행하지 아니한 경우

② 제1항에 따른 지정 취소 및 업무정지의 세부 기준은 농림축산식품부령으로 정한다.

[본조신설 2017. 3. 21.]

제18조의17(품질인증 관련 보고 및 조사 등) ① 산림청장은 품질인증 관리를 위하여 필요한 경우에는 품질인증기관 또는 품질인증을 받은 자에 대하여 그 업무에 관한 사항을 보고하게 하거나 자료를 제출하게 할 수 있으며, 관계 공무원에게 사무소 등에 출입하여 시

설·장비 등을 점검하고 관련 장부나 서류를 조사하게 할 수 있다.

② 품질인증기관 또는 품질인증을 받은 자는 정당한 사유 없이 제1항에 따른 보고·자료제출·점검 또는 조사를 거부·방해하거나 기피하여서는 아니 된다.

③ 제1항에 따라 점검이나 조사를 할 때에는 미리 점검이나 조사의 일시, 목적, 대상 등을 점검 또는 조사 대상자에게 알려야 한다. 다만, 긴급한 경우나 미리 알리면 그 목적을 달성할 수 없다고 인정되는 경우에는 알리지 아니할 수 있다.

④ 제1항에 따라 점검이나 조사를 하는 관계 공무원은 그 권한을 표시하는 증표를 지니고 이를 관계인에게 보여주어야 하며, 성명·출입시간·출입목적 등이 표시된 문서를 관계인에게 내보여야 한다.

[본조신설 2017. 3. 21.]

제4장 임업진흥권역의 지정 〈신설 2010. 2. 4.〉

제19조(임업진흥권역의 지정) ① 산림청장, 시·도지사 또는 시장·군수·구청장은 임업진흥을 촉진하기 위하여 조림·육림 및 임도시설 등 임업의 생산기반 조성과 임산물의 유통·가공 시설이 필요한 지역에 대하여는 다음 각 호의 구분에 따라 관계 행정기관의 장과 협의하여 권역별로 임업진흥권역을 지정한다. 〈개정 2011. 7. 25., 2017. 3. 21.〉

1. 산림청장: 국유림, 100만제곱미터 이상의 공유림 및 사유림

2. 시·도지사: 3만제곱미터 이상 100만제곱미터 미만의 공유림 및 사유림

3. 시장 · 군수 · 구청장: 3만제곱미터 미만의 공유림 및 사유림

②제1항에 따른 임업진흥권역의 지정요건과 그 밖에 필요한 사항은 대통령령으로 정한다.

제20조(임업진흥권역의 지정변경 또는 해제) 산림청장, 시 · 도지사 또는 시장 · 군수 · 구청장은 제19조제1항에 따라 지정된 임업진흥권역이 다음 각 호의 어느 하나에 해당하면 제19조제1항 각 호의 구분에 따라 그 지정을 변경하거나 해제할 수 있다 〈개정 2012. 2. 22., 2017. 3. 21., 2022. 6. 10.〉

1. 지정 목적을 달성한 때

2. 천재지변, 그 밖의 부득이한 사유로 지정목적을 달성할 수 없다고 인정되는 때

3. 임업진흥권역 내의 산지에 「산지관리법」 제12조제1항제1호부터 제13호까지의 시설을 설치하기 위하여 같은 법 제14조 및 제15조의 산지전용허가 등의 행정처분을 받아 목적사업을 완료하고 같은 법 제39조제3항에 따라 복구의무를 면제받거나 같은 법 제42조에 따른 복구준공검사를 완료한 때

4. 지역사회 개발 및 산업발전을 위하여 시 · 도지사 또는 시장 · 군수 · 구청장의 요청에 따라 임업진흥권역의 지정을 변경하거나 해제할 필요가 있을 때

5. 그 밖에 농림축산식품부령으로 정하는 사유가 발생하였을 때

[전문개정 2011. 7. 25.]

제21조(임업진흥계획의 수립) ①산림청장은 임업진흥권역에는 농림축산식품부령으로 정하는 바에 따라 관계 행정기관의 장과 협의하여

임업진흥계획을 수립하고, 이를 시·도지사에게 알려야 한다. 〈개정 2008. 2. 29., 2008. 12. 26., 2013. 3. 23.〉

②시·도지사는 제1항에 따른 임업진흥계획에 따라 지역별 진흥계획을 수립하고, 시장·군수·구청장에게 알려야 한다. 〈개정 2008. 12. 26., 2017. 3. 21.〉

③ 제1항 및 제2항에 따른 임업진흥계획 또는 지역별 진흥계획에 포함될 사항이 「산림기본법」 제11조에 따른 산림기본계획 또는 지역산림계획에 포함되어 있는 경우 그 부분에 대하여는 임업진흥계획 또는 지역별 진흥계획이 각각 수립된 것으로 본다. 〈신설 2018. 2. 21.〉

④특별자치시장·시장·군수·구청장은 제2항에 따른 지역별 진흥계획에 따라 실행계획을 수립·시행하되 사유림 소유자의 의견을 들어야 한다. 이 경우 그 실행계획은 「산림자원의 조성 및 관리에 관한 법률」 제13조에 따른 산림경영계획으로 본다. 〈개정 2017. 3. 21., 2018. 2. 21., 2019. 12. 3.〉

제21조의2(특수용도목재생산구역의 지정·해제 등) ① 산림청장은 임업의 활성화를 위하여 필요한 경우에는 대통령령으로 정하는 바에 따라 특수용도목재생산구역을 지정할 수 있다.

② 제1항에 따라 지정된 특수용도목재생산구역에서는 농림축산식품부령으로 정하는 방법으로 벌채·조림·숲가꾸기를 실시하여 지정 목적에 알맞게 관리하여야 한다. 〈개정 2013. 3. 23.〉

③ 산림청장은 특수용도목재생산구역이 다음 각 호의 어느 하나에 해당하는 경우에는 그 지정을 변경하거나 해제할 수 있다. 〈개정

2013. 3. 23.〉

1. 지정목적을 달성하여 특수용도목재생산구역으로 둘 필요성이 없다고 인정하는 경우

2. 천재지변 등으로 인한 피해로 지정목적이 상실되었다고 인정하는 경우

3. 군사시설, 그 밖에 대통령령으로 정하는 공용·공공용시설의 용지로 사용하거나 공익을 위하여 지정해제가 불가피하다고 인정하는 경우

4. 그 밖에 농림축산식품부령으로 정하는 사유가 발생한 경우

④ 산림청장은 농림축산식품부령으로 정하는 바에 따라 특수용도목재생산구역에서 생산된 목재를 지정된 용도로 사용하도록 조치할 수 있다. 〈개정 2013. 3. 23.〉

[본조신설 2010. 2. 4.]

제5장 산촌의 진흥 〈신설 2010. 2. 4.〉

제22조(산촌진흥을 위한 기본방향) 국가 및 지방자치단체는 산촌주민의 소득원을 개발하고 주거환경을 개선하는 등 산촌진흥을 위하여 노력하여야 한다.

제23조(산촌진흥기본계획의 수립 등) ① 산림청장은 관계 중앙행정기관의 장과 시·도지사의 의견을 들어 10년에 한 번씩 산촌진흥기본계획(이하 "기본계획"이라 한다)을 수립하여야 한다.

② 기본계획은 다음 각 호에 관한 사항을 포함하여야 한다. 〈개정 2013. 3. 23., 2019. 12. 3.〉

1. 산촌의 산림자원 조성·경영 기반을 확충하는 등 산림의 종합정비에 관한 사항

2. 농림수산물의 생산·가공·판매 및 산림휴양자원을 활용한 산촌주민의 소득증대에 관한 사항

3. 산촌의 도로·주택·상하수도 등 주거환경의 조성·정비에 관한 사항

4. 산촌의 고유한 문화와 전통의 계승·발전에 관한 사항

5. 도시와의 교류 촉진에 관한 사항

6. 도시민의 산촌 정착 지원에 관한 사항

7. 산촌의 녹색관광 및 생태관광 육성에 관한 사항

8. 그 밖에 산촌진흥을 위하여 농림축산식품부령으로 정하는 사항

③ 산림청장은 산촌의 사회적·경제적·지역적 여건 변화 등을 고려하여 필요하다고 인정하는 경우 기본계획을 변경할 수 있다. 〈신설 2017. 3. 21.〉

④ 산림청장은 기본계획에 따른 연도별 시행계획(이하 이 조에서 "시행계획"이라 한다)을 수립·시행하고 이에 필요한 재원을 확보하기 위하여 노력하여야 한다. 〈신설 2019. 1. 8.〉

⑤ 산림청장은 기본계획 및 시행계획을 수립하거나 변경한 때에는 대통령령으로 정하는 바에 따라 이를 공표하여야 하고, 관계 중앙행정기관의 장 및 시·도지사에게 통보하며, 국회 소관 상임위원회에 제출하여야 한다. 〈신설 2019. 1. 8.〉

⑥ 산림청장은 기본계획 및 시행계획의 수립을 위하여 필요한 경우에는 관계 중앙행정기관의 장 또는 시·도지사에게 관련 자료의 제출

을 요청할 수 있다. 이 경우 자료의 제출을 요구받은 관계 기관의 장은 정당한 사유가 없으면 이에 따라야 한다. 〈신설 2019. 1. 8.〉

⑦ 시ㆍ도지사(특별자치시장은 제외한다. 이하 제24조, 제25조 및 제28조에서 같다)는 기본계획에 따라 관할지역의 특성을 고려하여 특별시ㆍ광역시ㆍ도ㆍ특별자치도 산촌진흥계획(이하 "시ㆍ도계획"이라 한다)을 수립하여야 한다. 〈개정 2017. 3. 21., 2019. 1. 8., 2019. 12. 3.〉

⑧ 시장ㆍ군수ㆍ구청장은 시ㆍ도계획에 따라 관할지역의 특성을 고려하여 시(「제주특별자치도 설치 및 국제자유도시 조성을 위한 특별법」에 따른 행정시를 포함한다)ㆍ군ㆍ구(자치구를 말한다) 산촌진흥촉진계획(이하 "시ㆍ군ㆍ구계획"이라 한다)을 수립하여야 한다. 〈개정 2017. 3. 21., 2019. 1. 8., 2019. 12. 3.〉

⑨ 기본계획 및 시행계획의 수립ㆍ시행ㆍ변경, 시ㆍ도계획 및 시ㆍ군ㆍ구계획의 수립ㆍ시행에 필요한 사항은 대통령령으로 정한다. 〈개정 2017. 3. 21., 2019. 1. 8.〉

[전문개정 2011. 7. 25.]

[제목개정 2019. 1. 8.]

제24조(산촌에 대한 조사) ① 산림청장은 기본계획을 수립하기 위하여 필요한 기초조사를 전국의 산촌에 대하여 10년에 한 번씩 실시하여야 한다.

② 시ㆍ도지사 또는 시장ㆍ군수ㆍ구청장은 시ㆍ도계획 또는 시ㆍ군ㆍ구계획을 수립하려면 관할지역의 산촌에 대하여 필요한 상세조사를 실시하여야 한다.

③ 제1항 또는 제2항에 따른 기초조사 또는 상세조사의 내용 및 조사방법 등에 필요한 사항은 대통령령으로 정한다

④ 산림청장, 시·도지사 또는 시장·군수·구청장은 효율적인 조사를 위하여 필요하면 대통령령으르 정하는 기관·단체에 기초조사 또는 상세조사를 위탁할 수 있다

[전문개정 2011. 7. 25.]

제25조(산촌진흥특화사업계획의 수립 등) ① 시장·군수·구청장은 관할지역 안의 산촌진흥지역에서 산촌진흥특화사업을 추진하려는 경우에는 다음 각 호의 사항이 포함된 산촌진흥특화사업계획(이하 "특화계획"이라 한다)을 수립하여 시·도지사에게 승인을 요청하여야 한다. 〈개정 2019. 12. 3.〉

1. 산촌진흥특화사업의 목적·추진방향·기대효과

2. 산촌진흥특화사업의 시행기간·시행지역 등 사업개요

3. 산촌진흥특화사업에 필요한 사업비의 조달계획 및 연차별 투자계획

4. 산촌진흥특화사업에 필요한 시설의 설치·관리·운영에 관한 사항

5. 자연환경, 지역의 역사와 문화, 인적자원 등 사업에 활용할 수 있는 기반에 관한 사항

6. 그 밖에 산촌진흥특화사업의 시행에 필요한 사항으로서 특별시·광역시·도·특별자치도의 조례(이하 "시·도 조례"라 한다)로 정하는 사항

②시장·군수·구청장은 특화계획을 수립할 때에는 주민 및 관계

전문가의 의견을 들어 그 의견을 반영하여야 한다. 〈개정 2019. 12. 3.〉

③ 시·도지사는 제1항에 따라 특화계획의 승인을 요청받은 경우에는 승인 전에 관계 행정기관의 장과 협의하여야 하며, 특화계획을 승인한 경우에는 시·도 조례로 정하는 바에 따라 이를 고시하여야 한다. 〈개정 2019. 12. 3.〉

④시·도지사는 제3항에 따라 특화계획을 승인하면 이를 산림청장에게 통보하여야 한다. 〈개정 2019. 12. 3.〉

⑤특화계획의 변경에 관하여는 제1항부터 제3항까지의 규정을 준용한다. 다만, 시·도 조례로 정하는 경미한 사항은 시·도지사의 승인 없이 시장·군수·구청장이 변경할 수 있다. 〈개정 2008. 2. 29., 2013. 3. 23., 2019. 12. 3.〉

[제목개정 2019. 12. 3.]

제26조(산촌진흥특화사업의 시행자) 시장·군수·구청장은 산촌진흥특화사업을 직접 시행하거나 대통령령으로 정하는 자에게 그 사업의 전부 또는 일부를 위탁하여 시행하게 할 수 있다. 〈개정 2019. 12. 3.〉

[제목개정 2019. 12. 3.]

제27조(산촌진흥특화사업비의 지원 등) ①국가 또는 지방자치단체는 산촌진흥특화사업의 시행에 필요한 사업비의 전부나 일부를 보조하거나 융자하여 줄 수 있다. 〈개정 2019. 12. 3.〉

② 국가 또는 지방자치단체는 산촌진흥특화사업을 위하여 필요한 경우에는 이와 관련된 사업의 예산을 우선적으로 배정할 수 있다.

〈신설 2019. 12. 3.〉

③시장 · 군수 · 구청장은 산촌진흥특화사업 시행지역 안에 있는 산림을 관리하기 위하여 대통령령으로 정하는 산림사업을 하는 자에게는 우선적으로 사업비의 전부나 일부를 지원할 수 있다. 〈개정 2019. 12. 3.〉

[제목개정 2019. 12. 3.]

제27조의2(「국유림의 경영 및 관리에 관한 법률」의 적용 특례) ① 산림청장은 「국유림의 경영 및 관리에 관한 법률」 제20조제1항에도 불구하고 산촌진흥특화사업 시행지역의 준보전국유림을 필요한 범위에서 제26조에 따른 산촌진흥특화사업의 시행자(이하 "시행자"라 한다)에게 매각 또는 교환할 수 있다.

② 산림청장은 「국유림의 경영 및 관리에 관한 법률」 제21조제1항에도 불구하고 대통령령으로 정하는 별도의 기준에 따라 산촌진흥특화사업 시행지역의 국유림을 필요한 범위에서 시행자에게 사용허가 또는 대부할 수 있다.

③ 제2항에 따라 국유림의 사용허가 또는 대부를 받은 시행자는 목적사업 수행을 위하여 「국유림의 경영 및 관리에 관한 법률」 제22조제1항에도 불구하고 시설물의 기부 · 철거 또는 원상회복을 조건으로 해당 국유림에 건물이나 그 밖의 영구시설물을 설치할 수 있다.

[본조신설 2019. 12. 3.]

제27조의3(산촌활성화지원센터의 지정 등) ① 산림청장은 도시민의 산촌 정착 및 산촌 지역경제의 활성화를 지원하기 위하여 다음 각

호의 기관 또는 단체를 산촌활성화지원센터(이하 "지원센터"라 한다)로 지정할 수 있다.

1. 제29조의2에 따른 한국임업진흥원

2. 「산림조합법」 제2조제1호 또는 제4호에 따른 조합 또는 중앙회

3. 그 밖에 전문인력과 조직 등 대통령령으로 정하는 요건을 갖춘 기관 또는 단체

② 지원센터의 사업은 다음 각 호와 같다.

1. 산촌 정착을 희망하는 사람에 대한 상담, 정보제공 및 교육·훈련

2. 지역의 산림자원을 활용한 창업 및 기술 지원

3. 산촌지역을 기반으로 하는 사회적 기업 등의 설립 지원

4. 그 밖에 산촌주민에 대한 지원 및 산촌 지역경제의 활성화를 위하여 대통령령으로 정하는 사업

③ 산림청장은 지원센터에 제2항 각 호에 따른 사업을 시행·관리하는 데 필요한 비용의 전부 또는 일부를 지원할 수 있다.

④ 산림청장은 제1항에 따라 지정된 지원센터가 다음 각 호의 어느 하나에 해당하는 경우에는 그 지정을 취소하거나 시정을 명할 수 있다. 다만, 제1호에 해당하는 경우에는 지정을 취소하여야 한다.

1. 거짓이나 그 밖의 부정한 방법으로 지정을 받은 경우

2. 지정요건에 적합하지 아니하게 된 경우

3. 정당한 사유 없이 1년 이상 사업을 시작하지 아니하거나 중단

한 경우

4. 제29조의5를 위반하여 산림청장에게 거짓으로 보고 또는 자료 제출을 하거나 정당한 사유 없이 검사를 거부 · 방해 · 기피한 경우

⑤ 제1항에 따른 지원센터의 지정 절차 및 제4항에 따른 지원센터 지정취소 및 시정명령의 세부기준은 대통령령으로 정한다.

[본조신설 2019. 12. 3.]

제28조(국공유 임산물의 활용) 산림청장, 시 · 도지사, 시장 · 군수 · 구청장은 산촌진흥지역 안에 있는 산림을 관리하기 위하여 대통령령으로 정하는 바에 따라 그 산촌진흥지역 안의 국공유 임산물의 전부 또는 일부를 그 산촌진흥지역의 주민에게 무상으로 양여할 수 있다. 〈개정 2019. 12. 3.〉

[제목개정 2019. 12. 3.]

제29조(산촌진흥특화사업 시행지역의 사후관리 등) ①국가 또는 지방자치단체는 산촌진흥특화사업이 끝난 지역에 대하여 필요한 때에는 산촌진흥특화사업으로 설치한 시설 · 장비의 운영 · 관리 및 산촌지역 일자리의 유지 · 개선 등에 필요한 비용을 지원할 수 있다. 〈개정 2017. 3. 21., 2019. 12. 3.〉

②시장 · 군수 · 구청장은 산촌진흥특화사업의 시행으로 설치한 시설 · 장비 등을 효율적으로 관리하고 이용을 활성화하기 위하여 필요한 조치를 하여야 한다. 〈개정 2019. 12. 3.〉

[제목개정 2019. 12. 3.]

제6장 한국임업진흥원 〈신설 2011. 7. 25.〉

제29조의2(한국임업진흥원의 설립) ① 산림청장은 임업인의 산림경영정보 및 임산물 생산 유통ㆍ정보 지원 등을 통한 산림소득 증대 및 산업화 촉진을 위하여 한국임업진흥원을 설립한다.

② 한국임업진흥원은 법인으로 한다.

③ 한국임업진흥원의 설립에 필요한 사항은 대통령령으로 정한다.

[본조신설 2011. 7. 25.]

제29조의3(한국임업진흥원의 사업) ① 한국임업진흥원은 다음 각 호의 사업을 수행한다. 〈개정 2016. 5. 29., 2017. 3. 21., 2022. 6. 10.〉

1. 임업인의 산림경영정보 및 임산물의 생산ㆍ유통 정보에 관한 지원

2. 삭제 〈2012. 5. 23.〉

3. 제18조의2부터 제18조의4까지 및 제18조의7의 특별관리임산물의 품질관리

3의2. 품질인증

4. 임업에 관한 시험ㆍ분석ㆍ조사ㆍ감정 및 기술지원

5. 임업연구 성과의 기술 사업화 촉진 및 기술이전 지원

6. 산림자원 및 입지 조사 설계ㆍ평가

6의2. 해외산림자원개발 및 국제산림협력사업

6의3. 「탄소흡수원 유지 및 증진에 관한 법률」 제23조제1항제1호 및 제2호에 따른 산림탄소상쇄제도의 운영ㆍ관리 및 산림분야 탄소배출권 확보사업

7. 임업ㆍ산촌 분야 고용 창출 및 창업 활성화를 위한 지원사업

8. 임산물 홍보 및 판매촉진에 관한 지원사업

9. 그 밖에 임업·산촌 진흥을 위하여 필요한 사업으로서 대통령령으로 정하는 사업

② 국가 또는 지방자치단체의 장은 제1항 각 호의 사업을 한국임업진흥원에 위탁하거나 대행하게 할 수 있다. 다만, 제3호의 사업은 한국임업진흥원에 위탁한다.

③ 국가 또는 지방자치단체는 한국임업진흥원의 설립 및 운영에 소요되는 경비의 일부를 예산의 범위에서 출연 또는 지원할 수 있으며, 그 설립 및 운영을 위하여 필요하다고 인정한 때에는 「국유재산법」, 「물품관리법」, 「공유재산 및 물품 관리법」에도 불구하고 국유·공유 재산 및 물품을 한국임업진흥원에 무상으로 양여 또는 대부하거나 사용·수익하게 할 수 있다.

④ 제3항에 따른 양여, 대부 및 사용·수익의 내용·조건 및 절차에 필요한 사항은 대통령령으로 정한다.

⑤ 제1항제4호에 따른 임업에 관한 시험·분석·조사·감정 및 기술지원을 신청하거나 성적증명서의 발급 등을 의뢰하는 자는 농림축산식품부령으로 정하는 바에 따라 한국임업진흥원에 수수료를 납부하여야 한다. 〈신설 2017. 3. 21.〉

[본조신설 2011. 7. 25.]

제29조의4(한국임업진흥원 운영 등) ① 산림청장은 다음 각 호의 사항에 대하여 한국임업진흥원을 지도·감독하고, 필요하다고 인정하는 때에는 그 업무·회계 및 재산에 관한 사항을 보고하게 하거나 소속 공무원으로 하여금 한국임업진흥원의 장부·서류·시설과 그

밖의 물건을 검사하게 할 수 있다.

1. 제29조의3제1항과 관련된 업무에 관한 사항

2. 「공공기관의 운영에 관한 법률」 제50조에 따른 경영지침 이행에 관한 사항

3. 각 회계연도의 사업계획 수립·집행 및 예산편성과 결산

4. 그 밖에 대통령령으로 정하는 사항

② 산림청장은 한국임업진흥원의 요청이 있는 경우에는 산림청 또는 그 소속 기관의 공무원 중 일부를 한국임업진흥원에 파견근무하게 할 수 있다.

③ 한국임업진흥원에 관하여 이 법에서 규정하지 아니한 사항은 「민법」 중 재단법인에 관한 규정을 준용한다.

[본조신설 2011. 7. 25.]

제7장 보칙 〈신설 2010. 2. 4., 2011. 7. 25.〉

제29조의5(보고 및 검사) 산림청장은 제27조의3제2항에 따른 지원센터의 사업을 감독하기 위하여 지원센터로 하여금 사업 관련 보고 또는 자료제출을 하게 하거나 소속 공무원으로 하여금 지원센터의 사업 관련 업무를 검사하게 할 수 있다.

[본조신설 2019. 12. 3.]

제30조(청문) 산림청장은 다음 각 호의 어느 하나에 해당하는 처분을 하려면 청문을 하여야 한다. 〈개정 2012. 5. 23., 2017. 3. 21., 2019. 12. 3., 2020. 5. 26.〉

1. 제9조의3제1항에 따른 전문교육기관 지정의 취소

2. 제17조제3항제1호 · 제3호 및 제5호에 따른 임업후계자 및 독림가의 선발 또는 선정의 취소

3. 제18조의14에 따른 품질인증의 취소

4. 제18조의16에 따른 품질인증기관의 지정 취소 또는 품질인증 업무의 정지

5. 제27조의3제4항에 따른 지원센터의 지정취소

[전문개정 2008. 12. 26.]

제30조의2(수수료) 다음 각 호의 어느 하나에 해당하는 자는 농림축산식품부령으로 정하는 바에 따라 수수료를 납부하여야 한다.

1. 제18조의2제1항에 따른 생산적합성조사를 신청하는 자

2. 제18조의4제1항 및 제2항에 따른 품질검사를 신청하는 자

3. 제18조의12제2항에 따라 품질인증을 신청하는 자

4. 제18조의15제2항에 따라 품질인증기관의 지정을 신청하는 자

[본조신설 2017. 3. 21.]

제31조(권한의 위임 · 위탁) ①산림청장은 이 법에서 규정한 권한의 일부를 대통령령으로 정하는 바에 따라 시 · 도지사 또는 소속 기관의 장에게 위임할 수 있다.

②시 · 도지사는 제1항에 따라 위임받은 권한의 일부를 산림청장의 승인을 받아 시장 · 군수 · 구청장에게 재위임할 수 있다. 〈개정 2019. 12. 3.〉

③산림청장은 이 법에 따른 권한의 일부를 「산림조합법」에 따른 산림조합이나 그 밖에 대통령령으로 정하는 자에게 위탁할 수 있다.

제31조의2(벌칙 적용에서 공무원 의제) 다음 각 호의 어느 하나에

해당하는 사람은 「형법」 제129조부터 제132조까지의 규정에 따른 벌칙을 적용할 때에는 공무원으로 본다.

1. 제18조의15제1항에 따라 품질인증 업무에 종사하는 품질인증 기관의 임직원

2. 제29조의3제1항제3호, 제3호의2 및 제4호에 따른 업무를 수행하는 한국임업진흥원의 직원

[본조신설 2017. 3. 21.]

제8장 벌칙 〈신설 2010. 2. 4., 2011. 7. 25.〉

제32조(벌칙) ① 다음 각 호의 어느 하나에 해당하는 자는 3년 이하의 징역 또는 3천만원 이하의 벌금에 처한다. 〈개정 2019. 1. 8., 2020. 3. 24.〉

1. 제18조의4제1항 또는 제2항에 따른 품질검사를 받지 아니하고 특별관리임산물을 유통·판매 또는 통관한 자

2. 제18조의4제1항 및 제2항에 따른 품질검사를 고의로 잘못하였거나 품질검사 결과를 거짓으로 통보한 자

3. 제18조의5제2항에 따른 폐기 또는 반송의무를 이행하지 아니하거나 게을리 한 자

4. 제18조의6제2항에 따른 품질표시를 하지 아니하고 특별관리임산물을 유통·판매 또는 통관하였거나 거짓으로 품질표시를 한 자

② 상습적으로 제1항의 죄를 지은 자와 제18조의7제3항을 위반하여 표시 또는 광고를 한 자는 5년 이하의 징역 또는 5천만원 이하의 벌금에 처한다. 〈신설 2019. 1. 8.〉

[본조신설 2010. 2. 4.]

[종전 제32조는 제33조로 이동 〈2010. 2. 4.〉]

제33조(벌칙) 다음 각 호의 어느 하나에 해당하는 자는 1년 이하의 징역 또는 1천만원 이하의 벌금에 처한다. 〈개정 2010. 2. 4.〉

1. 삭제 〈2012. 5. 23.〉

2. 삭제 〈2012. 5. 23.〉

3. 삭제 〈2010. 2. 4.〉

4. 제18조의2제1항에 따른 신고를 하지 아니하거나 신고가 수리되지 아니한 상태에서 특별관리임산물을 생산한 자

[제32조에서 이동 〈2010. 2. 4.〉]

제34조(과태료) ① 다음 각 호의 어느 하나에 해당하는 자에게는 1천만원 이하의 과태료를 부과한다. 〈개정 2017. 3. 21.〉

1. 제18조의3제1항을 위반하여 생산과정을 기록·관리하지 아니하였거나 생산과정을 거짓으로 기자한 자

2. 제18조의6제1항에 따른 규격으로 포장하지 아니하고 특별관리임산물을 유통·판매 또는 통관한 자

3. 제18조의7제2항을 위반하여 수거·조사·검사 또는 열람을 거부·방해하거나 기피한 자

4. 거짓이나 그 밖의 부정한 방법으로 품질인증을 받은 자

5. 제18조의13제2항을 위반하여 품질인증의 표시 또는 이와 유사한 표시를 한 자

6. 제18조의17제2항을 위반하여 보고·자료제출·점검 또는 조사를 거부·방해하거나 기피한 자

② 다음 각 호의 어느 하나에 해당하는 자에게는 5백만원 이하의 과태료를 부과한다. 〈신설 2017. 3. 21.〉

1. 제18조의2제3항을 위반하여 중요한 사항의 변경신고를 하지 아니한 자

2. 제18조의3제2항을 위반하여 생산과정에서 대통령령으로 정한 금지 농약 또는 비료를 사용한 자

③ 제1항 및 제2항에 따른 과태료는 대통령령으로 정하는 바에 따라 산림청장, 시·도지사 또는 시장·군수·구청장이 부과·징수한다. 〈개정 2017. 3. 21.〉

[본조신설 2010. 2. 4.]

부칙 〈제8353호, 2007. 4. 11.〉

①(시행일) 이 법은 공포한 날부터 시행한다.

②(처분 등에 관한 일반적 경과조치) 이 법 시행 당시 종전의 규정에 따른 행정기관의 행위나 행정기관에 대한 행위는 그에 해당하는 이 법에 따른 행정기관의 행위나 행정기관에 대한 행위로 본다.

③(벌칙에 관한 경과조치) 이 법 시행 전의 행위에 대하여 벌칙 규정을 적용할 때에는 종전의 규정에 따른다.

④(다른 법령과의 관계) 이 법 시행 당시 다른 법령에서 종전의 「임업 및 산촌 진흥촉진에 관한 법률」 또는 그 규정을 인용한 경우에 이 법 가운데 그에 해당하는 규정이 있으면 종전의 규정을 갈음하여 이 법 또는 이 법의 해당 규정을 인용한 것으로 본다.

부칙 〈제8852호, 2008. 2. 29.〉 (정부조직법)

제1조 (시행일) 이 법은 공포한 날부터 시행한다. 다만, ···〈생략〉···, 부칙 제6조에 따라 개정되는 법률 중 이 법의 시행 전에 공포되었으나 시행일이 도래하지 아니한 법률을 개정한 부분은 각각 해당 법률의 시행일부터 시행한다.

제2조 부터 제5조까지 생략

제6조 (다른 법률의 개정) ① 부터 〈318〉 까지 생략

〈319〉 임업 및 산촌 진흥촉진에 관한 법률 일부를 다음과 같이 개정한다.

제2조제1호·제4호, 제7조제3항, 제10조제2항, 제12조제4항·제5항·제8항, 제13조제2항·제6항, 제14조 전단, 제15조제2호, 제16조제2항, 제17조제1항, 제21조제1항, 제23조제2항제7호 및 제25조제1항·제3항·제5항 단서 중 "농림부령"을 각각 "농림수산식품부령"으로 한다.

〈320〉 부터 〈760〉 까지 생략

제7조 생략

부칙 〈제9177호, 2008. 12. 26.〉

①(시행일) 이 법은 공포 후 6개월이 경과한 날부터 시행한다. 다만, 제20조의 개정규정은 공포한 날부터 시행한다.

②(다른 법률의 개정) 국유림의 경영 및 관리에 관한 법률 일부를 다음과 같이 개정한다.

제21조제1항제9호 중 "「임업 및 산촌 진흥촉진에 관한 법률」 제

21조의 규정에 의한 산촌개발사업계획"을 "「임업 및 산촌 진흥촉진에 관한 법률」 제25조에 따른 산촌개발사업계획"으로 한다.

부칙 〈제10025호, 2010. 2. 4.〉

①(시행일) 이 법은 2011년 1월 1일부터 시행한다. 다만, 제18조의9의 개정규정은 2010년 9월 1일부터 시행한다.

②(특별관리임산물 생산의 신고에 관한 경과조치) 이 법 시행 당시 특별관리임산물을 생산하고 있는 생산자는 이 법 시행일부터 1년 이내에 제18조의2제1항의 개정규정에 따른 신고를 하여야 한다.

③(품질검사·품질표시 등에 관한 경과조치) 이 법 시행 전에 구입한 특별관리임산물을 다시 판매하고자 하는 경우에는 이 법 시행일부터 3개월 이내에 제18조의4제1항 및 제2항의 개정규정에 따른 품질검사를 받아야 하며, 제18조의6제1항 및 제2항의 개정규정에 따른 규격으로 포장한 후 품질표시를 하여 유통·판매하여야 한다.

④(벌칙에 관한 경과조치) 이 법 시행 전의 행위에 대하여 벌칙 규정을 적용할 때에는 종전의 규정에 따른다.

부칙 〈제10949호, 2011. 7. 25.〉

제1조(시행일) 이 법은 공포 후 6개월이 경과한 날부터 시행한다. 다만, 제8조제1항 및 제23조제3항의 개정규정 중 특별자치시장 및 특별자치시에 관한 부분은 2012년 7월 1일부터 시행한다.

제2조(이 법의 시행을 위한 준비행위) 이 법에 따라 한국임업진흥원을 설립하기 위하여 하는 준비행위는 이 법 시행 전에 할 수 있다.

제3조(한국임업진흥원의 설립준비) ① 산림청장은 이 법 공포일부터 3개월 이내에 7명 이내의 설립위원을 위촉하여 이 법에 따른 한국임업진흥원의 설립에 관한 사무를 처리하게 하여야 한다.

② 설립위원은 한국임업진흥원의 정관을 작성하여 산림청장의 인가를 받아야 한다.

③ 설립위원은 제2항에 따른 인가를 받은 때에는 지체 없이 연명으로 한국임업진흥원의 설립등기를 한 후 한국임업진흥원의 장에게

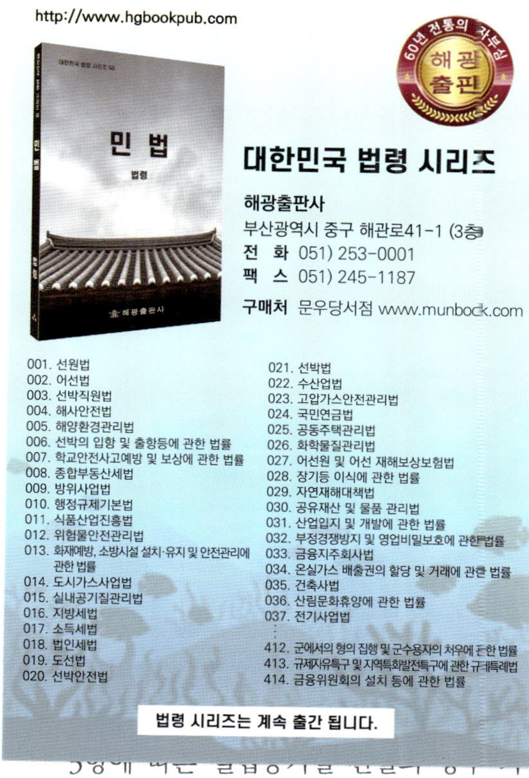

]가 끝난 때에 해촉된 것으

여 필요한 경비는 정부가 부

조치) ① 이 법 시행 당시 종

품질관리협회는 한국임업진흥

며, 임산물품질관리협회에 속

원이 포괄 승계한다.

포괄 승계한 재산 및 물건에

임산물품질관리협회의 명의는

임업진흥원의 명의로 이전된

재산의 가액은 부칙 제3조제

액으로 한다.

④ 이 법 시행 전에 임산물품질관리협회가 행한 행위는 한국임업

진흥원이 행한 행위로 보며, 임산물품질관리협회에 대하여 행한 행위는 한국임업진흥원에 대하여 행한 행위로 본다.

⑤ 이 법 시행 당시 임산물품질관리협회의 임직원(상근하는 임직원을 말한다. 이하 같다)은 한국임업진흥원의 임직원으로 선임 또는 임명된 것으로 본다. 이 경우 임원의 임기는 임산물품질관리협회의 임원으로 선임된 날부터 기산하며, 직원의 정년은 정관으로 따로 정한다.

⑥ 이 법 시행 당시 다른 법령에서 임산물품질관리협회를 인용하고 있는 경우에는 그를 갈음하여 한국임업진흥원을 인용한 것으로 본다.

제5조(한국임업진흥원 직원의 임용 등에 관한 특례) ① 산림청 또는 그 소속 기관의 공무원 중 한국임업진흥원 직원으로 신분이 전환되는 사람은 한국임업진흥원에 임용된 것으로 본다.

② 제1항에 따라 한국임업진흥원의 직원으로 임용된 때에는 공무원 신분에서 퇴직한 것으로 본다.

③ 제2항에 따라 공무원이었던 자가 한국임업진흥원의 직원으로 임용된 경우 정년은 퇴직 당시의 직급에 적용되었던 「국가공무원법」상의 정년에 따른다.

부칙 〈제11352호, 2012. 2. 22.〉 (산지관리법)

제1조(시행일) 이 법은 공포 후 6개월이 경과한 날부터 시행한다. 〈단서 생략〉

제2조 부터 제13조까지 생략

제14조(다른 법률의 개정) ①부터 ⑤까지 생략

⑥ 임업 및 산촌 진흥촉진에 관한 법률 일부를 다음과 같이 개정한다.

제20조제3호 중 "「산지관리법」 제12조제1항제1호부터 제12호까지"를 "「산지관리법」 제12조제1항제1호부터 제13호까지"로 한다.

⑦ 생략

부칙 〈제11429호, 2012. 5. 23.〉 (목재의 지속가능한 이용에 관한 법률)

제1조(시행일) 이 법은 공포 후 1년이 경과한 날부터 시행한다.

제2조 및 제3조 생략

제4조(다른 법률의 개정) ① 생략

② 임업 및 산촌 진흥촉진에 관한 법률 일부를 다음과 같이 개정한다.

제12조를 삭제한다.

제18조의10제1호를 삭제한다.

제29조의3제1항제2호를 삭제한다.

제30조제1호를 삭제한다.

제33조제1호 및 제2호를 각각 삭제한다.

제5조 생략

부칙 〈제11504호, 2012. 10. 22.〉

이 법은 공포 후 6개월이 경과한 날부터 시행한다.

부칙 〈제11690호, 2013. 3. 23.〉 (정부조직법)

제1조(시행일) ① 이 법은 공포한 날부터 시행한다.

제2조 부터 제5조까지 생략

제6조(다른 법률의 개정) ①부터 〈352〉까지 생략

〈353〉 임업 및 산촌 진흥촉진에 관한 법률 일부를 다음과 같이 개정한다.

제2조제1호 · 제4호, 제7조제3항, 제9조의2제2항, 제10조제2항, 제12조제8항, 제13조제2항 · 제6항, 제14조 전단, 제15조제2호, 제16조제2항, 제17조제1항, 제18조의2제3항 · 제4항, 제18조의8 각 호 외의 부분, 제18조의10 각 호 외의 부분, 제21조제1항, 제21조의2제2항, 같은 조 제3항제4호, 같은 조 제4항, 제23조제2항제7호, 제25조제1항 · 제3항 및 같은 조 제5항 단서 중 "농림수산식품부령"을 각각 "농림축산식품부령"으로 한다.

〈354〉부터 〈710〉까지 생략

제7조 생략

부칙 〈제14270호, 2016. 5. 29.〉

제1조(시행일) 이 법은 공포 후 2개월이 경과한 날부터 시행한다. 다만, 제9조의2제4항의 개정규정은 공포 후 6개월이 경과한 날부터 시행한다.

제2조(교육 · 훈련등의 프로그램 인증에 관한 경과조치) 제9조의2제4항의 개정규정 시행일 전에 종전의 제9조의2제4항에 따라 산림청장의 인증을 받은 교육 · 훈련등의 프로그램은 제9조의2제4항의 개정규

정에 따라 산림청장에게 신고를 한 교육·훈련등 프로그램으로 본다.
제3조(다른 법률의 개정) 탄소흡수원 유지 및 증진에 관한 법률 일부를 다음과 같이 개정한다.

제21조제3항을 삭제한다.

제23조제1항 각 호 외의 부분 중 "「산림자원의 조성 및 관리에 관한 법률」 제62조에 따른 녹색사업단"을 "「임업 및 산촌 진흥촉진에 관한 법률」 제29조의2에 따른 한국임업진흥원"으로 한다.

부칙 〈제14659호, 2017. 3. 21.〉

이 법은 공포 후 6개월이 경과한 날부터 시행한다.

부칙 〈제15398호, 2018. 2. 21.〉

제1조(시행일) 이 법은 공포한 날부터 시행한다.
제2조(임업진흥계획의 수립에 관한 적용례) 제21조제3항의 개정규정은 이 법 시행 후 최초로 수립하는 임업진흥계획 또는 지역별 진흥계획부터 적용한다.

부칙 〈제16200호, 2019. 1. 8.〉

이 법은 공포 후 6개월이 경과한 날부터 시행한다.

부칙 〈제16713호, 2019. 12 3.〉

제1조(시행일) 이 법은 공포 후 6개월이 경과한 날부터 시행한다. 다만, 제9조의2제5항·제6항, 제18조의2제2항 및 제4항부터 제7항

까지의 개정규정은 공포한 날부터 시행한다.
제2조(산림경영 교육·훈련등 프로그램의 신고 등에 관한 적용례) 제9조의2제5항·제6항 및 제18조의2제2항·제4항·제5항의 개정규정은 이 법 시행 이후 신고를 하는 경우부터 적용한다.
제3조(다른 법률의 개정) 국유림의 경영 및 관리에 관한 법률 일부를 다음과 같이 개정한다.
제21조제1항제9호를 삭제한다.

부칙 〈제17098호, 2020. 3. 24.〉
이 법은 공포한 날부터 시행한다.

부칙 〈제17323호, 2020. 5. 26.〉
이 법은 공포 후 6개월이 경과한 날부터 시행한다.

부칙 〈제18884호, 2022. 6. 10.〉
이 법은 공포 후 3개월이 경과한 날부터 시행한다.

임업 및 산촌 진흥촉진에 관한 법률 시행령

(약칭 : 임업진흥법 시행령)

[시행 2024. 5. 17.] [대통령령 제34487호, 2024. 5. 7., 타법개정]

**개정 예정 법률 밑줄 별도 표시.

임업 및 산촌 진흥촉진에 관한 법률 시행령

(약칭 : 임업진흥법 시행령)

[시행 2024. 5. 17.] [대통령령 제34487호, 2024. 5. 7., 타법개정]

제1장 총칙

제1조(목적) 이 영은 「임업 및 산촌 진흥촉진에 관한 법률」에서 위임된 사항과 그 시행에 필요한 사항을 규정함을 목적으로 한다.

제2조(임업인의 범위) 「임업 및 산촌 진흥촉진에 관한 법률」(이하 "법"이라 한다) 제2조제2호에서 "대통령령으로 정하는 자"란 다음 각 호의 어느 하나에 해당하는 자를 말한다. 〈개정 2009. 6. 4.〉

1. 3헥타르 이상의 산림에서 임업을 경영하는 자
2. 1년 중 90일 이상 임업에 종사하는 자
3. 임업경영을 통한 임산물의 연간 판매액이 120만원 이상인 자
4. 「산림조합법」 제18조에 따른 조합원으로서 임업을 경영하는 자

제3조(독림가의 요건) 법 제2조제5호에서 "대통령령으로 정하는 요건을 갖춘 자"란 다음 각 호의 자를 말한다. 〈개정 2009. 6. 4., 2014. 9. 11., 2018. 12. 24., 2019. 7. 2.〉

1. 개인독림가(個人篤林家)

가. 모범독림가 : 300헥타르 이상의 산림{수익분배림(분수림) 및 조림(造林)의 목적으로 대부받은 국유림을 포함한다. 이하 이 조에서 같다}을 산림경영계획에 따라 모범적으로 경영하고 있는 사람 또는 조림 실적이 100헥타르 이상이고 산림경영계획에 따라 산림을 모범적으로 경영하고 있는 사람

나. 우수독림가 : 100헥타르 이상의 산림을 산림경영계획에 따라 모범적으로 경영하고 있는 사람 또는 조림 실적이 50헥타르 이상{유실수(有實樹)는 20헥타르 이상}이고 산림경영계획에 따라 산림을 모범적으로 경영하고 있는 사람

다. 자영독림가: 5헥타르 이상의 산림을 산림경영계획에 따라 모범적으로 경영하고 있는 사람 또는 유실수를 3헥타르 이상 조림하여 산림을 산림경영계획에 따라 모범적으로 경영하고 있는 사람

2. 법인독림가: 다음 각 목의 어느 하나에 해당하는 법인

가. 300헥타르 이상의 산림을 산림경영계획에 따라 모범적으로 경영하고 있는 법인 또는 조림 실적이 100헥타르 이상이고 산림경영계획에 따라 산림을 모범적으로 경영하고 있는 법인

나. 「농어업경영체 육성 및 지원에 관한 법률」 제2조제2호에 따른 농업법인 중 10헥타르 이상의 산림을 산림경영계획에 따라 모범적으로 경영하고 있는 법인 또는 조림 실적이 5헥타르 이상이고 산림경영계획에 따라 산림을 모범적으로 경영하고 있는 법인

제4조(재정 지원) 법 제4조제7호에서 “대통령령으로 정하는 사업”이란 다음 각 호의 어느 하나에 해당하는 사업을 말한다.

1. 법 제6조에 따른 협업경영(協業經營) · 대리경영과 임업소득증대

를 위한 경영구조개선사업

2. 임산물유통시설의 현대화 등 임산물유통구조 개선사업

3. 임산물의 생산·가공·유통 및 수출을 통한 소득증대사업과 임산물소득원의 연구·개발 및 육성사업

4. 방부제 사용사업

5. 산림용 종자{접순(接筍)·꺽꽂이순 및 버섯종균을 포함한다. 이하 같다}, 산림용 묘목(조경수를 포함한다. 이하 같다)의 연구·개발 및 생산사업

6. 임업기능인의 양성과 임업기계장비의 개발·보급사업

7. 산림조합 및 산림조합중앙회의 운영과 사업에 필요한 경비

8. 자연휴양림·수목원·자연전시관 및 산림욕장의 조성사업

9. 독림가와 임업후계자의 양성사업

10. 조경수(분재를 포함한다) 재배사업

11. 야생조수사육사업

12. 해외산림자원의 조사 및 개발사업

13. 첨단임업기술 개발사업

14. 난대림복원사업 등 임업의 진흥을 위하여 산림청장이 정하는 사업

15. 산림바이오매스(산림에서 생산된 목질 임산물을 말한다. 이하 같다)를 에너지로 활용하는 난방시설의 설치사업과 산림바이오매스를 수집·유통·가공하는 사업

제2장 임업의 구조개선 등

제5조(협업경영) ①법 제6조제1항에 따른 협업경영이란 생산성을 높이고 경영비용을 줄이기 위하여 사유림의 소유자 상호간에 조림사업, 숲가꾸기 사업, 임산물의 생산·판매·가공사업을 공동으로 실시하는 임업경영을 말한다. 〈개정 2012. 1. 25.〉

② 삭제 〈2009. 6. 4.〉

③산림청장 및 지방자치단체의 장은 제1항에 따른 협업경영을 하는 자에게 산림사업에 필요한 자금을 보조하는 등 다른 자보다 우선하여 지원할 수 있다. 〈개정 2013. 4. 16.〉

④ 제1항에 따른 협업경영을 활성화하기 위하여 필요한 경우에는 산림청장은 협업경영방법의 개발·보급 등이 포함된 협업경영종합계획을, 지방자치단체의 장은 지역 여건에 맞는 협업경영계획을 각각 수립하여 산림조합중앙회에 알려야 한다. 〈개정 2013. 4. 16.〉

⑤제1항에 따른 협업경영의 실시에 필요한 사항은 농림축산식품부령으로 정한다. 〈개정 2008. 2. 29., 2013. 3. 23.〉

제6조(대리경영) ①법 제6조제1항에 따른 대리경영이란 다음 각 호의 어느 하나에 해당하는 자가 자본이나 기술이 부족하여 스스로 임업을 경영하기 어려운 사유림 소유자와 체결한 계약에 따라 행하는 임업경영을 말한다. 〈개정 2009. 6. 4., 2017. 1. 10., 2023. 6. 27.〉

1. 임업인

2. 산림조합 및 산림조합중앙회

3. 시장(「제주특별자치도 설치 및 국제자유도시 조성을 위한 특별법」에 따른 행정시의 시장을 포함한다. 이하 같다)·군수 또는 구청

장(자치구의 구청장을 말한다. 이하 같다)

4. 지방산림청장 또는 지방산림청국유림관리소장

5. 임업분야의 학과가 설치된 대학(전문대학을 포함한다)

5의2. 「산림자원의 조성 및 관리에 관한 법률 시행령」 별표 2 제1호, 제2호 및 제4호에 따른 산림사업을 모두 할 수 있는 법인으로 등록한 산림사업법인

6. 그 밖에 산림경영을 주 업무로 하는 법인

② 산림청장 및 지방자치단체의 장은 제1항에 따른 대리경영을 하는 자에게 대리경영에 필요한 지원을 할 수 있다. 〈신설 2013. 4. 16.〉

③ 제2항에 따라 지원을 받은 대리경영자가 경영하는 사유림의 소재지를 관할하는 시장·군수 또는 구청장은 해당 연도의 대리경영 현황을 다음 해 2월 말일까지 시·도지사를 거쳐 산림청장에게 보고하여야 한다. 〈신설 2013. 4. 16.〉

④제1항에 따른 대리경영의 실시에 필요한 사항은 농림축산식품부령으로 정한다. 〈개정 2008. 2. 29 , 2013. 3. 23., 2013. 4. 16.〉

제7조(겸업임업 등) ①법 제6조제2항에 따른 겸업임업·전업임업 및 기업임업이란 다음 각 호의 임업을 말한다.

1. 겸업임업 : 3헥타르 이상의 산림에서 임업을 경영하고 있거나 임산물을 주원료로 하는 생산활동을 1년 중 90일 이상 할 수 있는 임업

2. 전업임업 : 50헥타르 이상의 산림에서 임업을 경영하고 있거나 임산물을 주원료로 하는 생산활동을 1년 중 200일 이상 할 수

있는 임업

3. 기업임업 : 500헥타르 이상의 산림에서 임업을 경영하는 법인으로서 임산물을 주원료로 하는 생산 활동을 1년 중 200일 이상 할 수 있는 임업

②산림청장이나 지방자치단체의 장은 법 제6조제2항에 따라 겸업임업·전업임업 및 기업임업에 관한 시책을 수립할 때에는 다음 각 호의 사항을 포함하여야 한다.

1. 겸업임업·전업임업 및 기업임업을 활성화하기 위한 경영기술의 개발·보급에 관한 사항

2. 겸업임업인·전업임업인 및 기업임업인의 양성과 지원에 관한 사항

③제1항에 따른 겸업임업·전업임업 및 기업임업의 실시에 필요한 사항은 농림축산식품부령으로 정한다. 〈개정 2008. 2. 29., 2013. 3. 23.〉

제8조(임산물 소득원의 개발·육성 등) ①법 제8조제2항에 따른 임산물 소득원의 지원 대상 품목은 농림축산식품부령으로 정하는 수실류(樹實類)·버섯류·산나물류·약초류·약용류·수목부산물류(樹木副産物類)·관상산림식물류 및 그 밖의 임산물로 한다. 〈개정 2008. 2. 29., 2013. 3. 23., 2014. 9. 11., 2018. 5. 28.〉

②법 제8조제2항에 따른 임산물소득원의 개발을 위한 구역(이하 "주산단지"라 한다)을 지정받으려는 시장·군수 또는 구청장은 농림축산식품부령으로 정하는 바에 따라 산림청장 또는 특별시장·광역시장·도지사 또는 특별자치도지사·특별자치시장(이하 "시·도지사"

라 한다)에게 신청하여야 한다. 〈개정 2008. 2. 29., 2009. 6. 4., 2012. 1. 25., 2013. 3. 23.〉

③산림청장 또는 시·도지사는 제2항에 따라 시장·군수 또는 구청장으로부터 주산단지 지정신청을 받은 경우 주산단지를 지정할 필요가 있다고 인정되면 주산단지를 지정할 수 있다. 다만, 임산물의 생산과 출하 조절을 위하여 필요하다고 인정되면 직권으로 주산단지를 지정할 수 있다. 〈개정 2012. 1. 25.〉

④시장·군수 또는 구청장은 주산단지로 지정된 구역을 변경하거나 해제할 필요가 있다고 인정되면 그 사유를 명시하여 산림청장 또는 시·도지사에게 그 변경이나 해제를 신청할 수 있다. 〈개정 2012. 1. 25.〉

⑤산림청장 또는 시·도지사는 제4항에 따른 신청이 있거나 임산물의 생산 또는 출하 조절을 위하여 필요하다고 인정되면 주산단지로 지정된 구역을 변경하거나 해제할 수 있다. 〈개정 2012. 1. 25.〉

⑥산림청장 또는 시·도지사는 제3항이나 제5항에 따라 주산단지를 지정·변경하거나 해제한 때에는 이를 공고하여야 한다. 〈개정 2012. 1. 25.〉

⑦산림청장 또는 시·도지사는 제3항에 따라 지정된 주산단지의 운영실적과 평가에 관한 자료를 제출하도록 농림축산식품부령으로 정하는 바에 따라 시장·군수 또는 구청장에게 요청할 수 있다. 이 경우 시장·군수 또는 구청장은 산림청장 또는 시·도지사에게 제출하여야 한다. 〈개정 2008. 2. 29., 2012. 1. 25., 2013. 3. 23.〉

[제목개정 2014. 9. 11.]

제8조의2 삭제 〈2017. 1. 10.〉

제9조(공공기관의 범위) 법 제11조제2항에서 "공공기관"이란 다음 각 호의 기관을 말한다.

1. 국가기관 및 지방자치단체

2. 국가나 지방자치단체가 납입자본금을 출자한 법인

3. 국가나 지방자치단체가 출연(出捐)한 기관

제10조 삭제 〈2013. 5. 22.〉

제10조의2 삭제 〈2013. 5. 22.〉

제11조(산지목재비축계약의 변경ㆍ해제) ①법 제13조제3항에 따라 같은 조 제1항에 따른 산지목재비축계약(이하 "산지목재비축계약"이라 한다)을 변경할 수 있는 경우는 다음 각 호의 어느 하나와 같다.

1. 산림소유자가 법 제13조제4항에 따라 지원받은 자금의 일부를 미리 상환한 경우

2. 법 제15조제1호 및 제2호에 따른 입목(立木)의 벌채나 그 밖의 사유로 입목의 축적이 산지목재비축계약 당시보다 감소된 경우

②법 제13조제3항에 따른 산지목재비축계약을 해제할 수 있는 경우는 다음 각 호의 어느 하나와 같다.

1. 거짓이나 그 밖의 부정한 방법으로 산지목재비축계약을 체결한 경우

2. 산림소유자가 산지목재비축계약 사항을 위반한 경우

3. 산불피해 등으로 산지목재비축계약을 체결한 입목의 전부가 소실된 경우

4. 산림소유자가 법 제13조제4항에 따라 지원받은 자금의 전부를 미리 상환한 경우

제12조(행위제한) 법 제15조제3호에서 "그 밖에 대통령령으로 정하는 경우"란 다음 각 호의 어느 하나에 해당하는 경우를 말한다. 〈개정 2008. 2. 29., 2012. 1. 25., 2013. 3. 23.〉

1. 입목생장에 지장이 없는 범위 에서 수실류 · 잔디 · 꽃 · 이끼류 · 초본류 · 덩굴류 또는 버섯류 등을 굴취 · 채취하는 경우

2. 농림축산식품부령으로 정하는 자의 동의를 받아 입목의 형질 향상과 성장촉진을 위하여 필요한 숲가꾸기 작업을 하는 경우

제13조(산림의 이용 · 지원) 법 제16조제1항제4호에서 "대통령령으로 정하는 사업"이란 다음 각 호의 사업을 말한다.

1. 자연관찰원 조성사업

2. 분재생산사업

제14조(독림가의 선정) ①법 제17조제2항에 따라 독림가로 선정되려는 자는 제3조에 따른 독림가의 요건을 갖추었음을 증명할 수 있는 서류를 갖추어 시장 · 군수 또는 구청장을 거쳐 산림청장 또는 시 · 도지사에게 신청하여야 한다. 〈개정 2012. 1. 25.〉

②산림청장 또는 시 · 도지사는 제1항에 따른 신청을 받으면 제3조에 따른 요건에 해당하는지의 여부를 확인하여 그 요건에 해당하는 자를 독림가로 선정하고 독림가선정서를 발급하여야 한다. 〈개정 2012. 1. 25.〉

③독림가의 선정 절차와 사후관리 등에 필요한 세부 사항은 산림청장이 정한다.

제15조(독림가에 대한 지원) ①산림청장 또는 시·도지사는 독림가에게 다음 각 호의 사항을 다른 자보다 우선하여 지원할 수 있다. 〈개정 2012. 1. 25.〉

1. 임업경영에 필요한 자금의 보조 또는 융자
2. 임업경영에 필요한 기자재의 지원
3. 경영실적이 우수한 독림가에 대한 포상과 해외연수
4. 임업경영에 필요한 기술훈련·정보제공 등의 지원

②산림청장 또는 시·도지사는 독림가를 육성하기 위하여 필요하면 「민법」 제32조에 따라 설립된 법인으로서 독림가로 구성된 법인에 제1항에 따른 지원을 할 수 있다. 〈개정 2012. 1. 25.〉

제15조의2(임업분야 교육 지원) ① 산림청장은 법 제17조의2제1항에 따라 다음 각 호의 요건을 모두 갖춘 임업 및 산림분야 계열학교에 대하여 임업분야 교육 지원을 할 수 있다.

1. 임업분야 인력수급 상황과 직업역량 개발에 적합한 교육과정 운영계획을 갖출 것
2. 임업분야 인력양성 사업을 수행할 수 있는 인력과 설비를 갖출 것
3. 그 밖에 임업분야 교육역량 강화 계획 등 산림청장이 정하여 고시하는 요건을 갖출 것

② 산림청장은 제1항에 따라 임업분야 교육 지원을 하는 경우 교육 프로그램의 개발, 실습 기자재 구입 등 필요한 경비를 예산의 범위에서 지원할 수 있다.

③ 제1항 및 제2항에서 규정한 사항 외에 교육 지원의 신청, 임

업분야 교육 지원의 방법 및 절차 등에 관하여 필요한 세부사항은 산림청장이 정하여 고시한다.

[본조신설 2017. 9. 19.]

제15조의3(임업분야 고용 창출 및 창업 활성화 사업) 산림청장은 법 제17조의2제2항에 따라 임업분야의 고용 창출 및 창업 활성화를 위하여 다음 각 호의 사업을 할 수 있다.

1. 임업분야의 고용 및 창업 현황, 임업분야에 대한 인식 등에 관한 실태조사에 관한 사업
2. 임업분야의 고용 정보망 구축 및 운영에 관한 사업
3. 임업분야에 대한 인식 개선 및 홍보 등에 관한 사업
4. 임업분야의 창업자 발굴 및 육성·지원 등에 관한 사업
5. 임업분야의 고용 창출 및 창업 활성화를 위한 교육·훈련에 관한 사업
6. 그 밖에 임업분야 고용 창출 및 창업 활성화를 위하여 산림청장이 필요하다고 인정하는 사업

[본조신설 2017. 9. 19.]

제16조(임업기능인 양성 등) ①산림청장 및 시·도지사는 법 제18조제1항에 따른 임업분야 기능인을 양성하기 위하여 다음 각 호의 사업을 실시할 수 있다. 〈개정 2012. 1. 25.〉

1. 임업분야 기능인의 직업훈련
2. 임업분야 기능인의 취업알선 및 고용안정
3. 제2항에 따른 영림단(營林團)에 대한 임업기계장비의 지원
4. 작업장의 안전관리와 임업 분야 기능인의 후생복지 등 근로조

건의 개선

②산림청장 및 시ㆍ도지사는 제1항제2호에 따른 취업알선과 고용안정을 위하여 임업분야 기능인에게 영림단을 조직하게 하여 다음 각 호의 사업을 도급사업으로 하게 할 수 있다. 〈개정 2012. 1. 25., 2019. 7. 9.〉

1. 조림사업

2. 숲가꾸기 사업

3. 산림 병해충 방제사업

4. 양묘사업

5. 입목의 벌채ㆍ굴취 또는 이식사업

6. 그 밖에 산림청장이 임업분야 기능인의 취업알선과 고용안정에 필요하다고 인정하여 고시하는 사업

③제2항에 따른 영림단의 구성원 수는 6명 이상 30명 이하로 하되, 영림단의 종류와 필수인력기준은 다음 각 호와 같다. 〈개정 2008. 2. 29., 2012. 1. 25., 2013. 3. 23., 2014. 9. 11., 2018. 11. 27.〉

1. 기능인영림단

「산림기술 진흥 및 관리에 관한 법률 시행령」 별표 3에 따른 기능2급 이상의 산림경영기술자가 다음 각 목의 구분에 따른 비율 이상일 것

가. 구성원 수가 6명 이상 10명 이하인 경우: 60퍼센트

나. 구성원 수가 11명 이상 30명 이하인 경우: 50퍼센트

2. 기계화영림단

제1호에 따른 기능인영림단의 요건을 갖춘 단체로서 농림축산식품부령으로 정하는 임업훈련기관에서 임업기계장비에 관한 기술교육을 이수한 자가 전체 구성원의 30퍼센트 이상일 것

④제3항제1호 및 제2호에 따른 교육의 기간 등에 관하여 필요한 사항은 농림축산식품부령으로 정한다. 〈개정 2008. 2. 29., 2013. 3. 23.〉

⑤산림청장 및 시·도지사는 영림단을 활성화하기 위하여 필요하면 임업기계장비를 지원할 수 있다. 〈개정 2012. 1. 25.〉

⑥임업기능인의 지원·관리 등을 위하여 필요한 사항은 농림축산식품부령으로 정한다. 〈개정 2008. 2. 29., 2013. 3. 23.〉

제17조 삭제 〈2012. 1. 25.〉

제3장 특별관리임산물의 관리 〈개정 2011. 7. 14.〉

제17조의2(전문기관) ① 법 제18조의2제1항 본문에 따라 임산물품질관리 업무를 전문적으로 수행하기 위해 설립된 기관 또는 단체(이하 "전문기관"이라 한다)는 다음 각 호와 같다. 〈개정 2012. 1. 25.〉

1. 법 제29조의2에 따른 한국임업진흥원
2. 임산물품질관리 업무의 수행에 필요한 인력·장비 및 시설 등을 보유한 기관 및 단체 중에서 산림청장이 전문기관으로 지정·고시하는 기관 및 단체

② 제1항제2호에 따른 인력·장비 및 시설 등의 기준과 그 지정·고시의 절차 및 방법 등에 관하여 필요한 세부사항은 산림청장이

정한다. 〈개정 2017. 9. 19.〉

[본조신설 2011. 7. 14.]

제17조의3(생산적합성조사) ① 법 제18조의2제1항 단서에서 "대통령령으로 정하는 경우"란 다음 각 호의 어느 하나에 해당하는 경우를 말한다.

1. 학술 · 연구용으로 생산하는 경우

2. 실험 · 교육용으로 생산하는 경우

3. 그 밖에 특별관리임산물의 생산용도 · 생산기간 및 생산수량 등을 고려하여 산림청장이 정하여 고시하는 경우

② 법 제18조의2제2항에서 "대통령령으로 정하는 기준"이란 별표 2의 기준을 말한다.

[본조신설 2011. 7. 14.]

제17조의4(생산과정의 확인 등) ① 법 제18조의3제1항에 따라 특별관리임산물을 생산하는 자(이하 "생산자"라 한다)는 다음 각 호의 기준에 따라 특별관리임산물의 생산과정을 기록 · 관리하여야 한다.

1. 작업일자별로 구분할 것

2. 종묘 및 종자별로 구분할 것

3. 세부적인 작업내용이 포함될 것

4. 농약 또는 비료의 사용에 관한 사항이 포함될 것

5. 그 밖에 생산과정의 특성, 면적 및 수량 등을 고려하여 산림청장이 필요하다고 인정하는 방법에 따라 기록 · 관리할 것

② 제1항에 따른 생산과정의 기록 · 관리의 절차 및 형식 등에 관하여 필요한 세부사항은 산림청장이 정하여 고시한다.

③ 법 제18조의3제2항에서 "대통령령으로 정하는 농약 또는 비료"란 다음 각 호의 농약 또는 비료를 말한다. 〈개정 2013. 3. 23., 2022. 3. 8.〉

1. 「농약관리법」에 따른 농약

2. 「비료관리법」에 따른 보통비료

3. 「비료관리법」에 따른 부산물비료. 다만, 농림축산식품부령으로 정하는 유기질비료 및 미생물비료는 제외한다.

④ 법 제18조의3제3항에서 "대통령령으로 정하는 기간"이란 법 제18조의2제1항에 따라 특별관리임산물의 생산신고를 한 날부터 3년이 되는 날의 전후 5개월 이내의 기간을 말한다. 〈개정 2017. 9. 19.〉

[본조신설 2011. 7. 14.]

제17조의5(품질검사) ① 법 제18조의4제1항 전단에 따라 품질검사를 받으려는 생산자 또는 특별관리임산물을 수입한 자(이하 "수입자"라 한다)는 검사를 받으려는 날의 10일 전까지 농림축산식품부령으로 정하는 바에 따라 전문기관에 품질검사를 신청하여야 한다. 〈개정 2013. 3. 23., 2017. 9. 19 〉

② 전문기관이 제1항에 따른 품질검사 신청을 받은 경우에는 그 신청을 받은 날부터 30일 이내에 「식품위생법」 제7조에 따라 식품의약품안전처장이 정하여 고시하는 농약의 잔류허용기준에 따라 품질검사를 하고, 그 결과를 신청인에게 알려야 한다. 다만, 부득이한 사유가 있는 경우에는 그 사유를 알리고 20일의 범위에서 그 기간을 연장할 수 있다. 〈개정 2013. 3. 23., 2017. 9. 19.〉

③ 제2항에 따른 품질검사에 합격한 경우 해당 검사의 유효기간은 다음 각 호와 같다. 이 경우 그 유효기간은 품질검사를 종료한 날부터 기산한다.

1. 생산자가 받은 품질검사: 2년
2. 수입자가 받은 품질검사: 1년

④ 제1항부터 제3항까지에서 규정한 사항 외에 품질검사의 절차 및 통보 등에 필요한 세부사항은 산림청장이 정하여 고시한다.

[본조신설 2011. 7. 14.]

제17조의6(품질검사 결과에 대한 이의신청) ① 법 제18조의4제2항에 따라 품질검사를 받은 자가 그 결과에 대하여 이의신청을 하려는 경우에는 그 결과를 통보받은 날부터 30일 이내에 이의신청서를 전문기관에 제출하여야 한다.

② 전문기관이 제1항에 따라 이의신청을 받은 경우에는 그 신청을 받은 날부터 10일 이내에 해당 신청의 타당성 여부를 검토하여 신청인에게 그 수리 여부를 알려야 한다.

③ 전문기관이 제2항에 따라 이의신청을 수리한 경우에는 다음 각 호의 구분에 따른 기간 이내에서 생산자 또는 수입자가 품질검사를 받고자 하는 날에 품질검사를 할 수 있다.

1. 생산자의 경우: 이의신청을 수리한 날부터 1년 이내
2. 수입자의 경우: 이의신청을 수리한 날부터 30일 이내

④ 제3항에 따른 품질검사에 관하여는 제17조의5제2항부터 제4항까지의 규정을 준용한다.

[본조신설 2011. 7. 14.]

제17조의7(특별관리임산물의 폐기 방법) 법 제18조의5제3항에서 “대통령령으로 정하는 방법”이란 다음 각 호의 어느 하나에 해당하는 방법을 말한다.

1. 소각

2. 파쇄

3. 그 밖에 특별관리임산물의 특성·수량 및 크기 등을 고려하여 산림청장이 정하여 고시하는 방법

[본조신설 2011. 7. 14.]

제17조의8(품질표시) ① 법 제18조의6제1항 및 제2항에 따라 생산자·수입자 또는 판매자가 특별관리임산물을 유통·통관 또는 판매하려는 경우에는 농림축산식품부령으로 정하는 품질검사 합격증(이하 “합격증”이라 한다)을 붙일 수 있는 크기의 상자 또는 용기에 포장하고, 합격증을 붙여야 한다. 〈개정 2018. 12. 24.〉

② 합격증에는 다음 각 호의 내용이 포함되어야 한다. 〈개정 2018. 12. 24.〉

1. 생산자 또는 수입자의 성명(법인의 경우에는 법인명을 말한다)

2. 생산지 또는 수입국

3. 품질검사기관·단체, 품질검사번호 및 품질검사일자

4. 품질검사의 유효기간

5. 그 밖에 품질검사 결과와 관련하여 산림청장이 필요하다고 인정하여 고시하는 사항

③ 삭제 〈2018. 12. 24.〉

[본조신설 2011. 7. 14.]

제3장의2 임업기계장비의 품질인증 등 〈신설 2017. 9. 19.〉

제17조의9(임업기계장비의 품질인증 기준) ① 산림청장은 다음 각 호의 기준을 모두 갖춘 임업기계장비에 대하여 법 제18조의12제1항에 따른 품질인증(이하 "품질인증"이라 한다)을 할 수 있다.

1. 임업기계장비의 사용상 필요한 안전성을 확보할 것
2. 임업기계장비의 용도에 필요한 성능을 갖출 것

② 제1항에 따른 품질인증의 기준에 관하여 필요한 세부사항은 산림청장이 정하여 고시한다.

[본조신설 2017. 9. 19.]

제17조의10(품질인증의 절차 및 방법 등) ① 법 제18조의12제2항에 따라 품질인증을 신청하려는 자는 농림축산식품부령으로 정하는 품질인증신청서를 품질인증 대상 임업기계장비와 함께 산림청장에게 제출하여야 한다. 다만, 품질인증 대상 임업기계장비를 품질인증 심사 시작 전까지 보관하기 어렵거나 현장에서 품질인증 심사를 실시하여야 하는 경우에는 품질인증 대상 임업기계장비를 품질인증 심사를 실시하는 때에 제출할 수 있다.

② 산림청장은 제1항에 따라 품질인증 신청을 받은 경우에는 제17조의9에 따른 품질인증 기준에 적합한지를 심사한 후 심사결과 적합하다고 인정되는 임업기계장비에 대해서는 품질인증서를 발급하여야 한다.

③ 산림청장은 제2항에 따른 심사결과 품질인증 기준에 부적합한 경우에는 지체 없이 그 사유를 밝혀 신청인에게 통지하여야 한다.

④ 산림청장은 다음 각 호의 어느 하나에 해당하는 경우에는 신

청인이 제1항에 따라 제출한 품질인증신청서를 반려하거나 심사를 중지하고 품질인증에 부적합한 것으로 신청인에게 통지할 수 있다. 이 경우 그 사실과 이유를 신청인에게 서면으로 알려야 한다.

1. 신청인이 제출한 품질인증 용도로 해당 임업기계장비에 대한 품질인증을 실시하는 것이 현저히 부적합한 경우

2. 신청인이 법 제30조의2제3호에 따른 수수료를 내지 아니한 경우

3. 신청인이 제1항에 따라 품질인증 심사 대상 임업기계장비를 제출하지 아니한 경우

4. 정상적인 품질인증 심사 과정 중 임업기계장비의 파손, 이상 발생 등으로 심사를 계속 진행할 수 없는 경우

5. 신청인이 품질인증 신청을 철회한 경우

⑤ 제1항부터 제4항까지에서 규정한 사항 외에 품질인증의 절차 및 방법 등에 관하여 필요한 세부사항은 산림청장이 정하여 고시한다.

[본조신설 2017. 9. 19.]

제17조의11(품질인증의 유효기간) 품질인증의 유효기간은 제17조의10제2항에 따라 품질인증서를 발급한 날부터 3년으로 한다.

[본조신설 2017. 9. 19.]

제17조의12(품질인증 심사결과에 대한 이의신청) ① 품질인증 심사결과에 대하여 이의신청을 하려는 자는 그 결과를 통보받은 날부터 30일 이내에 농림축산식품부령으로 정하는 이의신청서를 산림청장에게 제출하여야 한다.

② 산림청장은 제1항에 따라 이의신청을 받은 경우에는 그 신청서를 제출받은 날부터 10일 이내에 타당성 여부를 검토하여 신청인에게 그 처리 결과를 알려야 한다.

[본조신설 2017. 9. 19.]

제4장 임업진흥권역의 지정 〈신설 2011. 7. 14.〉

제18조(임업진흥권역의 지정) ①법 제19조제1항에 따른 임업진흥권역은 임산물소득원을 개발·육성하여 임업경영을 활성화할 수 있는 지역으로서 「산지관리법」 제4조제1항제1호가목과 제5조에 따른 임업용산지에 한정하여 지정하되, 다음 각 호의 기준에 맞아야 한다. 〈개정 2009. 6. 4.〉

1. 시(「제주특별자치도 설치 및 국제자유도시 조성을 위한 특별법」에 따른 행정시를 포함한다. 이하 같다)·군 또는 자치구(이하 "시·군·구"라 한다)의 행정구역면적에 대한 산림면적의 비율이 70퍼센트 이상인 지역

2. 시·군·구의 행정구역면적에 대한 산림면적의 비율이 70퍼센트 미만인 지역 중 다음 각 목의 어느 하나에 해당하는 지역

가. 일단의 산림이 집단적으로 분포하여 임업진흥권역 설정이 가능한 지역

나. 제5조제1항에 따른 협업경영을 실시하는 구역으로서 계속하여 집약적인 임업경영이 필요하다고 인정되는 지역

다. 연접된 시·군·구의 임업진흥권역과 연결되어 임업경영이 필요하다고 인정되는 지역

②산림청장은 법 제19조제1항제1호에 따른 임업진흥권역의 지정을 위하여 시·도지사에게 다음 각 호의 서류를 제출하도록 요청할 수 있다. 〈개정 2012. 1. 25.〉

1. 임업진흥권역 사업계획서

2. 임업진흥권역 대상지의 산림이용 구분별 지번과 면적 현황

3. 임업진흥권역 대상지의 주민의 의견

4. 임업진흥권역 대상지가 표시된 축척 2만5천분의 1 이상의 지형도

③제1항에 따른 임업진흥권역의 지정에 필요한 사항은 농림축산식품부령으로 정한다. 〈개정 2008. 2. 29., 2013. 3. 23.〉

제19조(임업진흥권역의 지정변경 또는 해제) 법 제19조에 따라 지정된 임업진흥권역에 대하여 그 지정을 변경하거나 해제하는 절차 등에 필요한 사항은 농림축산식품부령으로 정한다. 〈개정 2013. 3. 23.〉

[전문개정 2009. 6. 4.]

제20조(자금지원) 산림청장은 산림사업에 대한 자금지원을 할 때에 임업진흥권역의 산림사업에 대하여는 다른 임지보다 우선하여 지원할 수 있다.

제20조의2(특수용도목재생산구역의 지정기준 등) ① 산림청장은 법 제21조의2제1항에 따라 특수용도목재생산구역을 지정하는 경우에는 다음 각 호의 기준에 따른다. 〈개정 2024. 5. 7.〉

1. 산림청 소관 국유림에 대하여 지정할 것

2. 합판용, 국가유산복원용, 표고자목용의 용도로 구분하여 지정할 것

3. 수목의 분포 및 종류를 충분히 고려하여 지정할 것

② 산림청장은 제1항에 따라 특수용도목재생산구역의 지정을 위하여 필요하다고 인정하는 경우에는 목재 관련 기관·단체 또는 전문가 등의 의견을 들을 수 있다.

③ 산림청장은 제1항에 따라 특수용도목재생산구역을 지정한 경우에는 그 사실을 인터넷 홈페이지에 공고하여야 한다.

④ 제1항부터 제3항까지에서 규정한 사항 외에 특수용도목재생산구역의 지정 기준·절차 및 방법 등에 관하여 필요한 사항은 산림청장이 정하여 고시한다.

[본조신설 2010. 12. 31.]

제20조의3(특수용도목재생산구역의 지정변경 등) ① 법 제21조의2제3항에 따른 특수용도목재생산구역 지정변경 또는 지정해제에 관하여는 제20조의2제2항부터 제4항까지의 규정을 준용한다.

② 법 제21조의2제3항제3호에서 "대통령령으로 정하는 공용·공공용시설"이란 다음 각 호의 어느 하나에 해당하는 시설을 말한다. 〈개정 2014. 7. 14.〉

1. 「하천법」 제2조제3호에 따른 하천시설

2. 「도로법」 제2조제1호에 따른 도로

3. 「철도산업발전기본법」 제3조제2호가목에 따른 철도의 선로

4. 「전원개발촉진법」 제2조제1호에 따른 전원설비(電源設備)

5. 국가통신시설 또는 「방송통신발전 기본법」 제2조제3호에 따른 방송통신설비

6. 「기상관측 표준화법」 제2조제2항제3호에 따른 관측시설

7. 그 밖에 제1호부터 제6호까지와 유사한 시설로서 산림청장이 지정하는 시설

[본조신설 2010. 12. 31.]

제5장 산촌의 진흥 〈신설 2011. 7. 14.〉

제21조(산촌진흥기본계획 등의 수립) ① 삭제 〈2012. 1. 25.〉

② 산림청장은 법 제23조제1항에 따른 산촌진흥기본계획(이하 "기본계획"이라 한다) 및 법 제23조제4항에 따른 연도별 시행계획을 수립하거나 변경한 때에는 지체 없이 그 개요를 관보에 고시하는 방법으로 공표해야 한다. 〈개정 2019. 7. 2.〉

③시ㆍ도지사(특별자치시장은 제외한다. 이하 이 조, 제22조 및 제25조에서 같다)는 법 제23조제5항에 따라 산림청장으로부터 기본계획을 통지받은 날부터 1년 이내에 같은 조 제7항에 따른 특별시ㆍ광역시ㆍ도ㆍ특별자치도 산촌진흥계획(이하 "시ㆍ도계획"이라 한다)을 수립해야 한다. 〈개정 2009. 6. 4., 2012. 1. 25., 2019. 7. 2., 2020. 6. 2.〉

④시ㆍ도지사는 제3항에 따라 시ㆍ도계획을 수립하면 지체 없이 시장ㆍ군수 또는 구청장에게 통지하고 그 개요를 고시하여야 한다.

⑤시장ㆍ군수 또는 구청장은 시ㆍ도지사로부터 제4항에 따른 시ㆍ도계획을 통지받은 날부터 6개월 이내에 시ㆍ군ㆍ구 산촌진흥촉진계획(이하 "시ㆍ군ㆍ구계획"이라 한다)을 수립하여야 한다. 〈개정 2012. 1. 25.〉

⑥시장ㆍ군수 또는 구청장은 제5항에 따라 시ㆍ군ㆍ구계획을 수립

하면 지체 없이 그 개요를 고시하여야 한다.

제22조(산촌에 대한 조사의 내용과 조사방법 등) ①법 제24조제1항에 따른 산촌에 대한 기초조사와 같은 조 제2항에 따른 상세조사에는 다음 각 호의 사항이 포함되어야 한다. 〈개정 2012. 1. 25.〉

1. 산림자원의 분포와 이용에 관한 사항
2. 산촌의 인구변동 추이에 관한 사항
3. 산촌소득 등 산촌경제에 관한 사항
4. 산촌의 문화 · 전통에 관한 사항
5. 산촌인력에 관한 사항
6. 산촌과 도시와의 교류에 관한 사항
7. 녹색관광과 생태관광 자원에 관한 사항
8. 그 밖에 기본계획 또는 시 · 도계획, 시 · 군 · 구계획 수립에 필요한 사항

② 산림청장은 제1항에 따른 기초조사 또는 상세조사에 관한 지침을 작성하고, 상세조사에 관한 지침을 시 · 도지사 또는 시장 · 군수 · 구청장에게 알려야 한다. 〈신설 2012. 1. 25.〉

③1항에 따른 기초조사 또는 상세조사는 제2항에 따른 지침에 따라 실시하되, 현지조사방법을 원칙으로 하고 청문 · 통계자료 · 문헌 등을 이용한 간접조사방법을 병행할 수 있다. 〈개정 2012. 1. 25.〉

④산림청장은 조사지침을 작성할 때에는 국립산림과학원과 학계 등의 자문을 거쳐야 한다. 〈개정 2012. 1. 25.〉

⑤ 법 제24조제4항에서 "대통령령으로 정하는 기관 · 단체"란 다음 각 호의 어느 하나에 해당하는 기관이나 단체를 말한다. 〈신설

2012. 1. 25., 2021. 12. 16.〉

1. 법 제29조의2에 따른 한국임업진흥원

2. 「산림조합법」에 따른 조합 또는 중앙회

3. 「고등교육법」 제2조에 따른 학교

4. 「지방자치법」 제126조에 따라 지방자치단체의 조례로 설치한 임업 관련 시험연구기관

[제목개정 2012. 1. 25.]

제23조(산촌진흥특화사업의 시행을 위탁받을 수 있는 자) 법 제26조에서 "대통령령으로 정하는 자"란 다음 각 호의 자를 말한다. 〈개정 2009. 6. 4., 2010. 12. 31., 2014. 12. 9., 2020. 6. 2., 2023. 6. 27.〉

1. 「산림조합법」에 따른 조합 또는 산림조합중앙회

2. 「한국농어촌공사 및 농지관리기금법」에 따른 한국농어촌공사

3. 「산림자원의 조성 및 관리에 관한 법률 시행령」 별표 2 제5호에 따른 자연휴양림조성 및 산촌생태마을 조성 사업을 할 수 있는 산림사업법인

4. 그 밖에 산림청장이 산촌진흥특화사업을 시행하기에 적합하다고 인정하는 자

[제목개정 2020. 6. 2.]

제24조(산림사업의 지원) 법 제27조제3항에서 "대통령령으로 정하는 산림사업"이란 다음 각 호의 사업을 말한다. 〈개정 2017. 9. 19., 2020. 6. 2.〉

1. 법 제8조에 따른 임산물소득원의 개발·육성사업

2. 법 제9조에 따른 산림의 복합경영사업

3. 법 제10조에 따른 임산물가공업

4. 법 제16조에 따른 산림의 이용사업

5. 법 제18조에 따른 임업기능인의 양성사업

6. 법 제18조의11에 따른 임업의 기계화사업

제24조의2(「국유림의 경영 및 관리에 관한 법률」의 적용 특례) 법 제27조의2제2항에서 "대통령령으로 정하는 별도의 기준"이란 다음 각 호의 기준을 말한다.

1. 법 또는 다른 법령에 따라 사용이 금지 또는 제한되었거나 사용계획이 확정된 국유림이 아닐 것. 다만, 농림축산식품부 소관 법령에 따라 사용계획이 확정된 국유림에 대해서는 그 사용계획에 따른 국유림의 사용목적에 방해가 되지 않는 경우에 한정하여 사용허가 또는 대부(이하 이 조에서 "대부등"이라 한다)를 할 수 있다.

2. 대부등의 용도가 「산지관리법」 제10조 및 제12조에 따라 산지전용·산지일시사용이 가능한 용도에 해당하고, 같은 법 제15조, 제15조의2 또는 제18조에 따른 산지전용·일시사용기준에 적합한 국유림일 것

3. 다른 법령에 따라 허가·인가·승인·지정·등록·신고 또는 협의 등의 처분이 필요한 경우에는 그 처분이 있을 것

[본조신설 2020. 6. 2.]

제24조의3(산촌활성화지원센터의 지정 등) ① 법 제27조의3제1항제3호에서 "전문인력과 조직 등 대통령령으로 정하는 요건"이란 다음 각 호의 요건을 말한다.

1. 임업인 교육, 산림자원을 활용한 창업 컨설팅 및 지원 업무를 수행한 경력이 있는 3명 이상의 전문인력으로 구성된 전담조직을 갖출 것

2. 정관 또는 이에 준하는 사업운영규정에 도시민의 산촌 정착 지원 및 산촌 지역경제의 활성화를 위한 지원사업이 주요사업으로 규정되어 있을 것

3. 산촌 지역경제의 활성화 지원 업무에 필요한 시설 및 장비를 갖출 것

② 법 제27조의3제1항에 따라 산촌활성화지원센터로 지정을 받으려는 자는 농림축산식품부령으로 정하는 지정신청서에 다음 각 호의 서류를 첨부하여 산림청장에게 제출해야 한다.

1. 전문인력 및 전담조직 보유현황

2. 정관 또는 이에 준하는 사업운영규정

3. 사업계획서

4. 시설·장비 보유현황

③ 산림청장은 제2항에 따라 지정을 신청한 자가 제1항에 따른 지정요건을 갖춘 경우에는 법 제27조의3제1항에 따른 산촌활성화지원센터(이하 "지원센터"라 한다)로 지정하고, 농림축산식품부령으로 정하는 지정서를 발급해야 한다.

④ 제3항에 따라 지원센터로 지정을 받은 자는 해당 연도의 사업계획을 매년 1월 31일까지, 전년도의 사업실적을 매년 1분기말까지 산림청장에게 제출해야 한다.

⑤ 법 제27조의3제2항제4호에서 "대통령령으로 정하는 사업"이란

다음 각 호의 사업을 말한다.

1. 산촌 정착을 희망하는 도시민과 산촌주민과의 교류지원사업

2. 지역의 산촌주민 공동체에 대한 지원사업

3. 지역의 임업 분야 일자리 창출 및 산촌주민 취업·창업의 지원·중개사업

4. 다른 지역의 지원센터 또는 산촌주민 공동체 지원기관과의 교류협력사업

⑥ 법 제27조의3제4항에 따른 지원센터의 지정취소 및 시정명령의 세부기준은 별표 2의2와 같다.

[본조신설 2020. 6. 2.]

제25조(국공유 임산물의 양여) ①산림청장, 시·도지사 또는 시장·군수 또는 구청장은 법 제28조에 따라 다음 각 호의 사항에 협조하는 것을 조건으로 국공유 임산물을 해당 산촌진흥지역의 주민에게 무상으로 양여할 수 있다. 〈개정 2020. 6. 2.〉

1. 산불의 예방과 진화

2. 도벌(盜伐)·남벌(濫伐)이나 무허가 벌채 또는 산지의 형질변경의 예방

3. 산림 병해충의 예방과 구제

4. 산지 정화

②법 제28조에 따라 산림청장, 시·도지사 또는 시장·군수 또는 구청장이 산촌진흥지역의 주민에게 무상으로 양여할 수 있는 국공유 임산물은 다음 각 호와 같다. 〈개정 2020. 6. 2.〉

1. 죽은 나무 또는 쓰러진 나무

2. 자투리 나무 · 가지

3. 조림예정지 정리와 숲가꾸기를 위하여 벌처한 산물

4. 산림의 형질변경 없이 채취할 수 있는 산림 부산물

③산촌진흥지역의 주민이 제1항에 따른 국공유 임산물을 무상으로 양여받으려면 농림축산식품부령으로 정하는 신청서(전자문서로 된 신청서를 포함한다)를 산림청장 시 · 도지사 또는 시장 · 군수 또는 구청장에게 제출(전자문서에 의한 제출을 포함한다)해야 한다. 〈개정 2008. 2. 29., 2013. 3. 23., 2020. 6. 2.〉

[제목개정 2020. 6. 2.]

제6장 한국임업진흥원 〈신설 2012. 1. 25.〉

제25조의2(한국임업진흥원의 설립 · 운영 등) ① 법 제29조의2제1항에 따른 한국임업진흥원(이하 "한국임업진흥원"이라 한다)은 그 주된 사무소의 소재지에서 설립등기를 함으로써 성립된다.

② 한국임업진흥원은 그 업무를 수행하기 위하여 필요하면 정관에서 정하는 바에 따라 국내외에 지원(支院), 사업소, 시험 · 분석기관 등 하부기관을 둘 수 있다.

③ 한국임업진흥원의 정관에는 다음 각 호의 사항이 포함되어야 한다.

1. 목적

2. 명칭

3. 주된 사무소의 소재지

4. 이사장 · 이사 · 집행기관 및 직원 등 조직에 관한 사항

5. 이사회의 구성 및 운영에 관한 사항

6. 업무와 그 집행에 관한 사항

7. 지원, 사업소, 시험·분석기관 등 하부기관의 설치에 관한 사항

8. 정관의 변경에 관한 사항

9. 잉여금의 처분과 손실액에 관한 사항

10. 재산 및 회계에 관한 사항

11. 공고방법에 관한 사항

[본조신설 2012. 1. 25.]

제25조의3(한국임업진흥원의 사업) 법 제29조의3제1항제9호에서 "대통령령으로 정하는 사업"이란 다음 각 호의 사업을 말한다. 〈개정 2017. 9. 19., 2020. 6. 2., 2022. 3. 8., 2023. 3. 14.〉

1. 산림자원에 대한 생태체험 지원

2. 산림자원의 브랜드가치 제고 및 지원

3. 산림자원관리 사업에 필요한 국제협력 및 인력양성

4. 산림바이오매스 에너지의 품질시험, 검사·제조 및 수입에 대한 지원

5. 산림바이오매스 에너지를 사용하는 연소기의 기술 개발, 성능검사 및 보급

6. 산림경영인증 및 그에 관한 컨설팅

7. 산림탄소 흡수량 인증 및 탄소상쇄 우수제품 인증

8. 임업가구 경제조사, 임업경영실태조사, 임산물 생산비조사, 목재이용 실태조사 및 임업기계장비의 운영·작업 실태조사 등 임업통계조사

9. 임상도(林相圖) 및 산림입지도 제작, 국가산림자원조사 결과 분석 및 활용

10. 산림항공사진 데이터베이스 구축 등 온실가스통계 기반 구축

11. 임업 및 산림 분야 계열학교에 대한 임업분야 교육 지원

12. 산촌진흥특화사업 및 산촌주민의 소득증대 사업 지원

13. 임업인 등의 산촌정착 지원

14. 특별관리임산물과 그 종자·종묘의 생산·가공·증식·보급 지원

15. 임산물 수출촉진에 관한 지원사업

16. 합법목재 교역촉진에 관한 지원사업

17. 그 밖에 한국임업진흥원의 설립목적 달성을 위하여 필요한 사업

[본조신설 2012. 1. 25.]

제7장 보칙 〈신설 2011. 7. 14., 2012. 1. 25.〉

제26조(권한의 위임·위탁) ①산림청장은 법 제31조제1항에 따라 다음 각 호의 권한을 시·도지사에게 위임한다. 〈개정 2009. 6. 4., 2011. 7. 14.〉

1. 삭제 〈2012. 1. 25.〉

2. 삭제 〈2012. 1. 25.〉

2의2. 법 제18조의2에 따른 특별관리임산물의 생산신고 및 변경신고의 수리

2의3. 법 제18조의5제1항에 따른 특별관리임산물의 폐기 또는

반송 명령

2의4. 법 제18조의5제4항에 따른 특별관리임산물의 폐기

2의5. 법 제18조의8제3호에 따른 정보공개

3. 삭제 〈2012. 1. 25.〉

② 삭제 〈2012. 1. 25.〉

③ 산림청장은 법 제31조제1항에 따라 다음 각 호의 권한을 지방산림청장에게 위임한다. 〈개정 2010. 12. 31.〉

1. 법 제21조의2제1항 및 제3항에 따른 특수용도목재생산구역의 지정·변경 또는 해제에 관한 사항

2. 법 21조의2제2항 및 제4항에 따른 특수용도목재생산구역의 관리 및 생산목재의 지정 용도로 사용하도록 하는 조치에 관한 사항

3. 법 제28조에 따른 국유 임산물의 양여에 관한 사항

④ 산림청장은 법 제31조제3항에 따라 다음 각 호의 업무를 한국임업진흥원에 위탁한다. 〈신설 2017. 9. 19., 2018. 12. 24.〉

1. 법 제9조의2제2항에 따른 전문교육기관 지정에 관한 업무 중 관련 서류 접수에 관한 업무

2. 법 제17조의2제1항에 따른 임업분야 교육 지원에 관한 업무

3. 법 제17조의2제2항에 따른 임업분야의 고용 창출 및 창업활성화 사업에 관한 업무

⑤ 산림청장은 법 제31조제3항에 따라 다음 각 호의 업무를 법 제18조의15제1항에 따른 품질인증기관에 위탁한다. 〈신설 2017. 9. 19.〉

1. 법 제18조의12에 따른 품질인증에 관한 업무

2. 법 제18조의14에 따른 품질인증의 취소에 관한 업무

3. 법 제30조제3호에 따른 청문에 관한 업무

4. 법 제30조의2제3호에 따른 수수료의 수납에 관한 업무

제26조의2(규제의 재검토) 산림청장은 다음 각 호의 사항에 대하여 다음 각 호의 기준일을 기준으로 3년마다(매 3년이 되는 해의 기준일과 같은 날 전까지를 말한다) 그 타당성을 검토하여 개선 등의 조치를 해야 한다. 〈개정 2015. 11. 11., 2022. 3. 8.〉

1. 제3조에 따른 독림가의 요건: 2014년 1월 1일

2. 제16조제3항에 따른 영림단의 필수인력기준: 2014년 1월 1일

2의2. 삭제 〈2022. 3. 8.〉

3. 제17조의4에 따른 생산과정의 확인 등: 2014년 1월 1일

4. 제17조의8에 따른 품질표시: 2014년 1월 1일

5. 삭제 〈2016. 12. 30.〉

[본조신설 2013. 12. 30.]

제8장 벌칙 〈신설 2011. 7. 14., 2012. 1. 25.〉

제27조(과태료의 부과기준) 법 제34조제1항 및 제2항에 따른 과태료의 부과기준은 별표 3과 같다. 〈개정 2017. 9. 19.〉

[본조신설 2011. 7. 14.]

부칙 〈제20240호, 2007. 9. 6.〉

제1조 (시행일) 이 영은 공포한 날부터 시행한다.

제2조 (주산단지에 관한 경과조치) 1997년 11월 29일 당시 종전의 산림법시행령(대통령령 제15517호로 개정되기 전의 것을 말한다) 제30조제2항에 따라 지정된 주산단지는 대통령령 15518호 임업진흥촉진법시행령 제7조에 따라 지정된 주산단지로 본다.
제3조 (독림가의 선정에 관한 경과조치) 1997년 11월 29일 당시 종전의 산림법 제2조제1항제5호에 따른 독림가로 인정된 자는 대통령령 15518호 임업진흥촉진법시행령 제9조에 따른 독림가로 본다.
제4조 (영림단에 관한 경과조치) 1997년 11월 29일 당시 종전의 산림법시행령 제16조에 따라 구성된 영림단은 대통령령 15518호 임업진흥촉진법시행령 제11조제3항제1호에 따른 기능인영림단으로 본다.
제5조 (독림가에 관한 경과조치) 1999년 3월 26일 당시 종전의 규정(대통령령 16198호로 개정되기 전의 것을 말한다)에 따라 독림가로 인정된 자는 대통령령 16198호 임업진흥촉진법시행령중일부개정령 제9조의 개정규정에 따라 독림가로 선정된 것으로 본다.
제6조 (임업진흥권역으로 지정된 준보전임지에 관한 경과조치) 1999년 3월 26일 당시 종전의 규정(대통령령 16198호로 개정되기 전의 것을 말한다)에 따라 임업진흥권역으로 지정된 준보전임지는 대통령령 16198호 임업진흥촉진법시행령중일부개정령 제13조의 개정규정에도 불구하고 1999년 6월 26일에 임업진흥권역에서 해제된 것으로 본다.
제7조 (다른 법령과의 관계) 이 영 시행 당시 다른 법령에서 종전의 「임업 및 산촌 진흥촉진에 관한 법률 시행령」의 규정을 인용한 경우

에 이 영 가운데 그에 해당하는 규정이 있으면 종전의 규정을 갈음하여 이 영의 해당 규정을 인용한 것으로 본다.

부칙 〈제20696호, 2008. 2. 29.〉 (산림청과 그 소속기관 직제)

제1조(시행일) 이 영은 공포한 날부터 시행한다.

제2조 생략

제3조(다른 법령의 개정) ① 부터 ⑩ 까지 생략

⑪ 임업 및 산촌 진흥촉진에 관한 법률 시행령 일부를 다음과 같이 개정한다.

제5조제5항, 제6조제2항, 제7조제3항, 제8조제1항 · 제2항 · 제7항 전단, 제12조제2호, 제16조제3항제1호 · 제2호, 같은 조 제4항 · 제6항, 제18조제3항, 제19조제2항 및 제25조제3항 중 “농림부령”을 각각 “농림수산식품부령”으로 한다.

⑫ 생략

부칙 〈제21523호, 2009. 6. 4.〉

제1조(시행일) 이 영은 2009년 6월 27일부터 시행한다. 다만, 제19조와 제23조제2호의 개정규정은 공포한 날부터 시행한다.

제2조(임업인에 관한 경과조치) 이 영 시행 당시 종전의 규정에 따른 임업인은 제2조제3호의 개정규정에도 불구하고 2009년 12월 31일까지는 임업인으로 본다.

제3조(권한의 위임에 관한 경과조치) 이 영 시행 당시 임업진흥권역의 지정변경 및 해제 절차가 진행 중인 것에 대하여는 제26조제1항

제3호의 개정규정에도 불구하고 종전의 규정에 따른다.

부칙 〈제22596호, 2010. 12. 31.〉

제1조(시행일) 이 영은 2011년 1월 1일부터 시행한다.

제2조(행정처분기준에 관한 경과조치) ① 이 영 시행 전의 위반행위에 대하여 행정처분기준을 적용할 때에는 별표의 개정규정에도 불구하고 종전의 예에 따른다.

② 이 영 시행 전의 위반행위로 받은 행정처분은 별표의 개정규정에 따른 위반행위의 횟수 산정에 포함하지 아니한다.

부칙 〈제23028호, 2011. 7. 14.〉

제1조(시행일) 이 영은 공포한 날부터 시행한다.

제2조(권한위임에 따른 경과조치) 이 영 시행 당시 다음 각 호의 어느 하나에 해당하는 절차가 진행 중인 경우에는 권한위임에 관한 제26조제1항제2호의2부터 제2호의5까지의 개정규정에도 불구하고 종전의 규정에 따른다.

1. 법 제18조의2에 따른 특별관리임산물의 생산신고 및 변경신고의 수리
2. 법 제18조의5제1항에 따른 특별관리임산물의 폐기 또는 반송명령
3. 법 제18조의5제4항에 따른 특별관리임산물의 폐기
4. 법 제18조의8제3호에 따른 정보공개

부칙 〈제23538호, 2012. 1. 25.〉

제1조(시행일) 이 영은 2012년 1월 26일부터 시행한다. 다만, 제8조제2항 및 제21조제3항의 개정규정 중 특별자치시장 및 특별자치시에 관한 부분은 2012년 7월 1일부터 시행한다.

제2조(권한의 위임·위탁에 관한 경과조치) 이 영 시행 당시 법 제12조제1항에 따른 임산물의 품질인증 절차가 진행 중인 경우에는 제26조제2항제1호의 개정규정에도 불구하고 종전의 규정에 따른다.

부칙 〈제24452호, 2013. 3. 23.〉 (산림청과 그 소속기관 직제)

제1조(시행일) 이 영은 공포한 날부터 시행한다.

제2조 생략

제3조(다른 법령의 개정) ①부터 ⑩까지 생략

⑪ 임업 및 산촌 진흥촉진에 관한 법률 시행령 일부를 다음과 같이 개정한다.

제5조제5항, 제6조제2항, 제7조제3항, 제8조제1항·제2항, 같은 조 제7항 전단, 제8조의2제1항 각 호 외의 부분, 제12조제2호, 제16조제3항제2호, 같은 조 제4항·제6항, 제17조의4조제3항제2호 단서, 같은 항 제3호 단서, 제17조의5제1항, 제17조의8제3항, 제18조제3항, 제19조 및 제25조제3항 중 "농림수산식품부령"을 각각 "농림축산식품부령"으로 한다.

제17조의5제2항 본문 중 "식품의약품안전청장"을 "식품의약품안전처장"으로 한다.

⑫ 생략

부칙 〈제24498호, 2013. 4. 16.〉

이 영은 2013년 4월 23일부터 시행한다.

부칙 〈제24539호, 2013. 5. 22.〉 (목재의 지속가능한 이용에 관한 법률 시행령)

제1조(시행일) 이 영은 2013년 5월 24일부터 시행한다.

제2조 및 제3조 생략

제4조(다른 법령의 개정) ① 생략

② 임업 및 산촌 진흥촉진에 관한 법률 시행령 일부를 다음과 같이 개정한다.

제10조 및 제10조의2를 각각 삭제한다.

제26조제5항을 삭제한다.

별표 1을 삭제한다.

제5조 생략

부칙 〈제25050호, 2013. 12. 30.〉 (행정규제기본법 개정에 따른 규제 재검토기한 설정을 위한 주택법 시행령 등 일부개정령)

이 영은 2014년 1월 1일부터 시행한다. 〈단서 생략〉

부칙 〈제25456호, 2014. 7. 14.〉 (도로법 시행령)

제1조(시행일) 이 영은 2014년 7월 15일부터 시행한다.

제2조 부터 제4조까지 생략

제5조(다른 법령의 개정) ①부터 ㉛까지 생략

㉜ 임업 및 산촌 진흥촉진에 관한 법률 시행령 일부를 다음과 같이 개정한다.

제20조의3제2항제2호를 다음과 같이 한다.

2. 「도로법」 제2조제1호에 따른 도로

㉝부터 ㊿까지 생략

제6조 생략

부칙 〈제25597호, 2014. 9. 11.〉

이 영은 공포한 날부터 시행한다.

부칙 〈제25840호, 2014. 12. 9.〉 (규제 재검토기한 설정 등 규제정비를 위한 건축법 시행령 등 일부개정령)

제1조(시행일) 이 영은 2015년 1월 1일부터 시행한다.

제2조 부터 제16조까지 생략

부칙 〈제26629호, 2015. 11. 11.〉 (규제 재검토기한 설정을 위한 목재의 지속가능한 이용에 관한 법률 시행령 등 일부개정령)

이 영은 공포한 날부터 시행한다.

부칙 〈제27751호, 2016. 12. 30.〉 (규제 재검토기한 설정 등을 위한 가맹사업거래의 공정화에 관한 법률 시행령 등 일부개정령)

제1조(시행일) 이 영은 2017년 1월 1일부터 시행한다. 〈단서 생략〉

제2조 부터 제12조까지 생략

부칙 〈제27775호, 2017. 1. 10.〉
이 영은 공포한 날부터 시행한다.

부칙 〈제28315호, 2017. 9. 19.〉
제1조(시행일) 이 영은 2017년 9월 22일부터 시행한다. 다만, 제17조의2, 제17조의4제4항, 제17조의5제2항 단서 및 별표 2의 개정규정은 공포한 날부터 시행한다.
제2조(임업분야 교육 지원에 관한 경과조치) 이 영 시행 당시 임업분야 교육 지원을 받고 있는 임업 및 산림 분야 계열학교는 제15조의2의 개정규정에 따라 교육 지원을 받은 것으로 본다.

부칙 〈제28919호, 2018. 5. 28.〉 (신산업 등의 규제혁신을 위한 도로교통법 시행령 등 8개 대통령령 일부개정령)
이 영은 공포한 날부터 시행한다. 다만, 다음 각 호의 사항은 각 호의 구분에 따른 날부터 시행한다.
1. 및 2. 생략
3. 제5조의 개정규정: 2019년 1월 1일

부칙 〈제29310호, 2018. 11. 27.〉 (산림기술 진흥 및 관리에 관한 법률 시행령)
제1조(시행일) 이 영은 2018년 11월 29일부터 시행한다.
제2조 및 제3조 생략
제4조(다른 법령의 개정) ①부터 ④까지 생략

⑤ 임업 및 산촌 진흥촉진에 관한 법률 시행령 일부를 다음과 같이 개정한다.

제16조제3항제1호 각 목 외의 부분 중 "「산림자원의 조성 및 관리에 관한 법률 시행령」 별표 2"를 "「산림기술 진흥 및 관리에 관한 법률 시행령」 별표 3"으로 한다.

⑥ 생략

제5조 생략

부칙 〈제29408호, 2018. 12 24.〉

이 영은 공포한 날부터 시행한다.

부칙 〈제29942호, 2019. 7. 2.〉

이 영은 2019년 7월 9일부터 시행한다.

부칙 〈제29950호, 2019. 7. 2.〉 (어려운 법령용어 정비를 위한 210개 법령의 일부개정에 관한 대통령령)

이 영은 공포한 날부터 시행한다. 〈단서 생략〉

부칙 〈제29972호, 2019. 7. 9.〉 (유연한 분류체계 등 규제혁신을 위한 31개 법령의 일부개정에 관한 대통령령)

이 영은 공포한 날부터 시행한다.

부칙 〈제30738호, 2020. 6. 2.〉

이 영은 2020년 6월 4일부터 시행한다.

부칙 〈제32223호, 2021. 12. 16.〉 (지방자치법 시행령)

제1조(시행일) 이 영은 2022년 1월 13일부터 시행한다. 〈단서 생략〉

제2조 부터 제4조까지 생략

제5조(다른 법령의 개정) ①부터 ㉝까지 생략

㉞ 임업 및 산촌 진흥촉진에 관한 법률 시행령 일부를 다음과 같이 개정한다.

제22조제5항제4호 중 "「지방자치법」 제113조"를 "「지방자치법」 제126조"로 한다.

㉟부터 〈66〉까지 생략

제6조 생략

부칙 〈제32525호, 2022. 3. 8.〉

제1조(시행일) 이 영은 공포한 날부터 시행한다.

제2조(생산적합성조사 기준에 관한 경과조치) 이 영 시행 전에 산림청장이 법 제18조의2제1항 본문에 따른 신고를 받은 경우 그 신고의 수리 여부를 검토할 때 적용하는 생산적합성조사 기준에 관하여는 별표 2의 개정규정에도 불구하고 종전의 규정에 따른다.

부칙 〈제32528호, 2022. 3. 8.〉 (규제 재검토기한 설정 해제 등을 위한 91개 법령의 일부개정에 관한 대통령령)

이 영은 공포한 날부터 시행한다.

부칙 〈제33330호, 2023. 3. 14.〉

이 영은 공포한 날부터 시행한다.

부칙 〈제33582호, 2023. 6. 27.〉 (산림자원의 조성 및 관리에 관한 법률 시행령)

제1조(시행일) 이 영은 2023년 6월 28일부터 시행한다.

제2조(다른 법령의 개정) ①부터 ④까지 생략

⑤ 임업 및 산촌 진흥촉진에 관한 법률 시행령 일부를 다음과 같이 개정한다.

제6조제1항제5호의2 및 제23조제3호 중 “별표 1”을 각각 “별표 2”로 한다.

⑥ 생략

부칙 〈제34487호, 2024. 5. 7.〉 (국가유산기본법 시행령)

제1조(시행일) 이 영은 2024년 5월 17일부터 시행한다.

제2조(다른 법령의 개정) ①부터 ㊴까지 생략

㊵ 임업 및 산촌 진흥촉진에 관한 법률 시행령 일부를 다음과 같이 개정한다.

제20조의2제1항제2호 중 “문화재복원용”을 “국가유산복원용”으로 한다.

㊶부터 〈57〉까지 생략

제3조 생략

별표 / 서식

[별표 1] 삭제 <2013.5.22>

[별표 2] 생산적합성조사 기준(제17조의3제2항 관련)

[별표 2의2] 산촌활성화지원센터 지정취소 및 시정명령의 세부기준(제24조의3제6항 관련)

[별표 3] 과태료의 부과기준(제27조 관련)

임업 및 산촌 진흥촉진에 관한 법률 시행규칙
(약칭 : 임업진흥법 시행규칙)

[시행 2022. 9. 11.] [법률 제18884호, 2022. 6. 10., 일부개정]

**개정 예정 법률 밑줄 별도 표시.

임업 및 산촌 진흥촉진에 관한 법률 시행규칙

(약칭 : 임업진흥법 시행규칙)

[시행 2025. 3. 12.] [농림축산식품부령 제711호, 2025. 3. 12., 일부개정]

제1장 총칙

제1조(목적) 이 규칙은 「임업 및 산촌 진흥촉진에 관한 법률」 및 같은 법 시행령에서 위임된 사항과 그 시행에 필요한 사항을 규정함을 목적으로 한다.

제2조(임업의 범위) 「임업 및 산촌 진흥촉진에 관한 법률」 (이하 "법"이라 한다) 제2조제1호에서 "농림축산식품부령으로 정하는 업"이란 다음 각 호의 어느 하나에 해당하는 업을 말한다. 〈개정 2008. 3. 3., 2013. 3. 23.〉

1. 분재생산업
2. 조경업
3. 수목조사업 등 임업 관련 서비스업

제2조의2(임업기계장비의 범위) 법 제2조제3호의4에서 "농림축산식품부령으로 정하는 것"이란 별표 1에 따른 기계, 장비 및 도구를 말한다. 〈개정 2020. 11. 27.〉

[본조신설 2017. 9. 22.]

제3조(임업후계자의 요건) 법 제2조제4호에서 "농림축산식품부령으로 정하는 요건을 갖춘 사람"이란 다음 각 호의 어느 하나에 해당하는 사람을 말한다. 〈개정 2008. 3. 3., 2013. 3. 23., 2013. 4. 16., 2019. 9. 24., 2020. 11. 27.〉

1. 55세 미만의 사람으로서 「산림자원의 조성 및 관리에 관한 법률」 제13조에 따른 산림경영계획에 따라 임업을 경영하거나 경영하려는 사람 중 다음 각 목의 어느 하나에 해당하는 사람

가. 「임업 및 산촌 진흥촉진에 관한 법률 시행령」 (이하 "영"이라 한다) 제3조제1호에 따른 개인독림가의 자녀

나. 3헥타르 이상의 산림을 소유(세대를 같이 하는 직계존·비속, 배우자 또는 형제자매의 명의로 소유하는 경우를 포함한다)하고 있는 사람

다. 10헥타르 이상의 국유림 또는 공유림을 대부받거나 수익분배림(분수림)을 설정받은 사람

2. 산림청장이 정하여 고시하는 기준 이상의 산림용 종자, 산림용 묘목(조경수를 포함한다), 버섯, 분재, 야생화, 산채, 그 밖의 임산물을 생산하거나 생산하려는 사람

제2장 임업의 구조개선 등

제4조 삭제 〈2009. 6. 26.〉

제5조(협업경영 및 대리경영) ① 영 제5조제3항 또는 제6조제2항에 따라 지원을 받으려는 협업경영자 또는 대리경영자는 산림청장 또는

지방자치단체의 장에게 협업경영 또는 대리경영에 대한 지원을 신청하여야 한다.

② 제1항에 따른 신청을 받은 산림청장 또는 지방자치단체의 장은 지원 여부 및 지원 내용을 결정하여 협업경영자 또는 대리경영자에게 통지하여야 한다.

③ 제1항 및 제2항에서 정한 것 외에 협업경영 또는 대리경영의 실시에 필요한 세부사항은 산림청장 또는 지방자치단체의 장이 각각 정하여 고시한다.

[전문개정 2013. 4. 16.]

제6조(임산물유통정보의 제공) ①산림청장 또는 지방자치단체의 장이 법 제7조제3항에 따라 산림청장 또는 지방자치단체의 장으로부터 시설자금 등의 지원을 받은 임산물유통시설을 설치·운영하는 자에게 제공하게 할 수 있는 임산물유통정보는 임산물의 품목별 유통물량과 가격 등으로 한다. 〈개정 2013. 4. 16.〉

②제1항에 따른 임산물유통정보는 서면이나 전산망으로 제공한다.

③ 삭제 〈2013. 4. 16.〉

제7조(주산단지의 지정신청 등) ①영 제8조제1항에 따른 임산물 소득원의 지원 대상 품목은 별표 2와 같다. 〈개정 2017. 9. 22.〉

②시장(「제주특별자치도 설치 및 국제자유도시 조성을 위한 특별법」에 따른 행정시의 시장을 포함한다. 이하 같다)·군수 또는 구청장(자치구의 구청장을 말한다. 이하 같다)은 영 제8조제2항에 따라 임산물소득원을 개발하기 위한 구역(이하 "주산단지"라 한다)의 지정을 신청하려면 별지 제1호서식의 신청서에 다음 각 호의 서류를 첨

부하여 산림청장 또는 특별시장·광역시장·도지사 또는 특별자치도지사·특별자치시장(이하 "시·도지사"라 한다)에게 제출하여야 한다. 〈개정 2009. 6. 26., 2012. 1 26., 2013. 4. 16.〉

1. 주산단지의 위치와 면적이 표시된 구역도 1부

2. 사업계획서 1부

③시장·군수 또는 구청장은 영 제8조제7항에 따라 주산단지의 운영실적과 평가에 관한 자료의 제출을 요청받으면 별지 제2호서식의 운영실적보고서와 별지 제3호서식의 운영평가서를 다음 해 1월 31일까지 산림청장 또는 시·도지사에게 제출하여야 한다. 〈개정 2012. 1. 26.〉

제7조의2(전문교육기관의 지정기준 등) ① 법 제9조의2제2항에 따른 전문교육기관(이하 "전문교육기관"이라 한다)의 지정기준은 다음 각 호와 같다.

1. 교과과정·교육내용 및 교육방법 등 교육계획이 적정할 것

2. 교육과정 운영에 적합한 교육강사를 확보할 것

3. 교육시설 및 교육장비 등 적합한 교육환경을 구비할 것

② 전문교육기관으로 지정받으려는 자는 별지 제3호의2서식의 전문교육기관 지정신청서에 다음 각 호의 서류를 첨부하여 산림청장에게 신청하여야 한다.

1. 운영계획서

2. 교육과정 및 교육내용 등에 관한 서류

3. 교육시설 및 교육장비 등에 관한 서류

4. 교육강사에 관한 서류

5. 그 밖에 제1호부터 제4호까지와 유사한 서류로서 산림청장이 필요하다고 인정하는 서류

③ 산림청장은 제2항에 따른 지정신청을 받은 경우에는 제1항에 따른 지정기준에 적합한지 여부를 심사하여 그 지정 여부를 결정하여야 한다.

④ 산림청장은 제3항에 따라 전문교육기관을 지정한 경우에는 지정서를 발급하고, 그 사실을 인터넷 홈페이지에 게시하여야 한다. 〈개정 2016. 12. 29.〉

⑤ 제3항에 따라 지정받은 전문교육기관은 다음 각 호의 어느 하나에 해당하는 사항이 변경된 경우에는 그 변경을 증명하는 서류를 산림청장에게 제출하여야 한다.

1. 전문교육기관의 명칭
2. 전문교육기관의 대표자
3. 전문교육기관의 소재지

⑥ 제1항부터 제5항까지에서 규정한 사항 외에 전문교육기관의 지정기준, 신청 절차, 지정서 발급, 변경 등에 관한 세부사항은 산림청장이 정하여 고시한다. 〈개정 2016. 12. 29.〉

[본조신설 2011. 1. 14.]

제7조의3(교육·훈련등의 위탁) 산림청장이 법 제9조의2제3항에 따라 교육·훈련 및 상담·자문·지도(이하 "교육·훈련등"이라 한다)를 전문교육기관에 위탁할 때에는 위탁조건, 위탁수수료, 그 밖에 위탁에 필요한 사항을 명시한 계약서로 위탁계약을 체결해야 한다.

[본조신설 2020. 6. 4.]

[종전 제7조의3은 제7조의4로 이동 〈2020. 6. 4.〉]

제7조의4(교육 · 훈련등 프로그램의 신고) 법 제9조의2제4항에 따라 교육 · 훈련등 프로그램을 신고하려는 자는 별지 제3호의3서식의 교육 · 훈련등 프로그램 신고서에 다음 각 호의 서류를 첨부하여 산림청장에게 신고하여야 한다. 〈개정 2020. 6. 4.〉

1. 교육 · 훈련등 프로그램 및 그 개요서
2. 교육 · 훈련등 프로그램의 내용 · 방법 및 시간 등에 관한 서류
3. 교육 · 훈련등 프로그램의 효과 및 그 평가에 관한 서류
4. 교육 · 훈련등 프로그램에 필요한 인력 및 시설 등에 관한 서류
5. 그 밖에 교육 · 훈련등 프로그램의 효율적 검토를 위하여 산림청장이 필요하다고 인정하는 서류

[전문개정 2016. 12. 29.]

[제7조의3에서 이동 〈2020. 6. 4.〉]

제8조(전문교육기관의 지정취소 및 시정명령의 세부기준) 법 제9조의3제1항에 따른 전문교육기관의 지정취소 및 시정명령의 세부기준은 별표 2의2와 같다.

[본조신설 2020. 11. 27.]

[종전 제8조는 제9조로 이동 〈2020. 11. 27.〉]

제9조(임산물 가공업의 지원 등) ①법 제10조제2항에 따른 임산물 가공업의 지원 대상은 법 제2조제3호에 따른 임산물의 가공업으로 한다. 〈개정 2014. 9. 11.〉

②산림청장 또는 시 · 도지사는 제1항에 따른 임산물의 가공업을 경영하는 자(이하 "임산물가공업자"라 한다)에게 다음 각 호의 사항

을 지원할 수 있다. 〈개정 2012. 1. 26.〉

1. 임산물의 생산 · 공급 · 수매 또는 비축에 필요한 자금

2. 임산물가공시설의 신설 · 증설 또는 현대화에 드는 자금

3. 임산물가공시설의 운영자금

4. 임산물의 이용 증진을 위한 제품개발 및 기술보급

5. 임산물의 유통 · 가격정보의 제공

[제목개정 2014. 9. 11.]

[제8조에서 이동 〈2020. 11. 27.〉]

제10조 삭제 〈2013. 5. 23.〉

제11조 삭제 〈2013. 5. 23.〉

제12조 삭제 〈2013. 5. 23.〉

제13조 삭제 〈2011. 1. 14.〉

제14조 삭제 〈2011. 1. 14.〉

제15조 삭제 〈2013. 5. 23.〉

제16조(산지목재비축계약을 체결할 수 있는 산림의 범위 등) 법 제13조제2항에 따라 산지목재비축계약을 체결할 수 있는 산림은 다음 각 호의 요건을 모두 갖춘 산림으로 한다. 〈개정 2009. 6. 26., 2011. 1. 14.〉

1. 「산지관리법」 제4조제1항제1호에 따른 채종림(採種林) · 산림보호구역 · 휴양림 · 야생동 · 식물특별보호구역(시 · 도야생동 · 식물보호구역 및 야생동 · 식물보호구역을 포함한다) · 공원 · 상수원보호구역 · 문화재보호구역 · 생태 · 경관보전지역 및 「산림자원의 조성 및 관리에 관한 법률 시행령」 제41조에 따른 입목벌채제한지역 외의 산림

일 것

2. 산지목재비축계약을 체결할 산림의 헥타르당 입목축적이 해당 시(「제주특별자치도 설치 및 국제자유도시 조성을 위한 특별법」에 따른 행정시를 포함한다)·군 또는 자치구의 평균 입목축적 이상인 산림으로서 입목의 평균 수령이 「산림자원의 조성 및 관리에 관한 법률 시행규칙」 별표 3 제1호가목에 따른 일반기준벌기령(一般基準伐期齡) 이상인 산림일 것

제17조(산지목재비축계약의 체결 등) ①시·도지사는 법 제13조제1항 및 제3항에 따라 산지목재비축계약을 체결하거나 변경하려면 별지 제12호서식의 산지목재비축(변경)계약서에 의하여야 한다. 〈개정 2013. 4. 16.〉

② 삭제 〈2013. 4. 16.〉

제18조(목재비축림의 고시) 시·도지사는 법 제13조제1항에 따라 산지목재비축계약을 체결하거나 법 제13조제3항에 따라 산지목재비축계약을 변경 또는 해제한 경우에는 정보통신망 등을 이용하여 다음 각 호의 사항을 고시하여야 한다. 〈개정 2009. 6. 26., 2013. 4. 16.〉

1. 산지목재비축계약을 체결한 산림(이하 "목재비축림"이라 한다)의 소유자

2. 목재비축림의 위치와 면적

3. 목재비축림의 수종과 수량

4. 계약(변경·해제)연월일과 계약기간

5. 목재비축림 안에서의 행위제한에 관한 사항

[제19조에서 이동, 종전 제18조는 제19조로 이동 〈2009. 6. 26.〉]

제19조(자금 지원) ①법 제13조제4항에 따라 산림소유자에게 지원할 수 있는 자금은 목재비축림의 입목을 벌채하여 판매할 경우에 산림소유자가 얻을 수 있는 예상수익금액으로 한다. 〈개정 2009. 6. 26.〉

②제1항에 따른 예상수익금액은 벌채할 입목의 시장가격에서 벌채와 운반 등에 드는 비용을 뺀 금액으로 한다.

[제18조에서 이동, 종전 제19조는 제18조로 이동 〈2009. 6. 26.〉]

제20조(입목벌채 등의 동의) 법 제15조제2호 및 영 제12조제2호에서 "농림축산식품부령으로 정하는 자"란 산림조합을 말한다. 〈개정 2008. 3. 3., 2009. 6. 26., 2013. 3. 23.〉

제20조의2(산림의 이용 · 지원) ① 산림청장 또는 시 · 도지사는 법 제16조제1항 각 호에 따른 사업을 하려는 공유림 또는 사유림의 소유자("사업자"라 한다. 이하 이 조에서 같다)에게 다음 각 호의 사항을 지원할 수 있다. 〈개정 2012. 1. 26.〉

1. 시설 및 운영에 필요한 자금의 보조 및 융자
2. 조성 및 생산에 관련된 기술 지원
3. 조성 및 생산에 필요한 정보 제공

② 산림청장 또는 시 · 도지사는 제1항제1호에 따른 지원을 하려면 다음 각 호의 사항을 고려하여야 한다. 〈개정 2012. 1. 26.〉

1. 해당 사업자의 사업수행능력

2. 해당 사업자의 신용상태

3. 해당 사업자의 재무구조 및 자금조달계획

③ 제1항 및 제2항의 세부적인 지원내용과 지원기준 등에 필요한 사항은 산림청장이 따로 정한다.

[본조신설 2009. 6. 26.]

제21조(임업후계자의 선발 및 지원 등) ①법 제17조제1항에 따라 임업후계자로 선발되려는 자는 제3조에 따른 임업후계자의 요건을 갖추었음을 증명하는 서류를 갖추어 시장·군수 또는 구청장을 거쳐 산림청장 또는 시·도지사에게 신청하여야 한다. 〈개정 2012. 1. 26.〉

②산림청장 또는 시·도지사는 제1항에 따른 신청을 받으면 제3조에 따른 요건에 해당하는지 확인하여 그 요건에 해당하는 자를 임업후계자로 선발하고 임업후계자선발증서를 발급하여야 한다. 〈개정 2012. 1. 26.〉

③제1항과 제2항에 따른 임업후계자의 선발 절차와 관리에 관하여 필요한 세부 사항은 산림청장이 정한다.

④산림청장 또는 시·도지사는 임업후계자에게 다음 각 호의 사항을 다른 자보다 우선하여 지원할 수 있다. 〈개정 2012. 1. 26.〉

1. 임업경영사업에 필요한 자금의 보조 또는 융자

2. 임업경영사업에 필요한 기자재의 지원

3. 경영실적이 우수한 임업후계자에 대한 포상과 해외연수

⑤산림청장 또는 시·도지사는 임업후계자 육성을 위하여 필요하다고 인정되면 「민법」 제32조에 따라 설립된 법인으로서 임업후계자로 구성된 법인에 제4항에 따른 지원을 할 수 있다. 〈개정 2012.

1. 26.〉

제22조(임업후계자의 교육) 산림청장 또는 시·도지사는 법 제17조 제1항에 따라 임업후계자의 자질과 임업경영능력의 향상을 위하여 교육을 실시할 수 있다. 〈개정 2012. 1. 26.〉

제23조 삭제 〈2012. 1. 26.〉

제24조(임업기계장비에 관한 기술교육) ①영 제16조제3항제2호에서 "농림축산식품부령으로 정하는 임업훈련기관"이란 산림조합중앙회 소속 임업기계훈련원·임업기능인훈련원·임업기술훈련원을 말한다. 〈개정 2008. 3. 3., 2012. 1. 26., 2013. 3. 23.〉

②영 제16조제3항제2호에 따른 임업기계장비에 관한 기술교육의 기간은 3주 이상으로 하고, 그 교육과정은 산림청장이 정한다. 〈개정 2012. 1. 26.〉

제25조(임업기능인의 지원) 영 제16조제6항에 따라 지방자치단체장이나 지방산림청국유림관리소장은 필요하면 영림단에 산업재해 방지를 위한 안전장비 등을 지원하거나 무상으로 대여할 수 있다.

제3장 특별관리임산물의 관리 〈개정 2011. 7. 25.〉

제25조의2(특별관리임산물 생산적합성조사의 신청 등) ① 법 제18조의2제1항에 따라 특별관리임산물을 생산(특별관리임산물의 종자·종묘의 생산을 포함한다. 이하 같다)하려는 자가 토양·종자 또는 종묘가 특별관리임산물의 생산에 적합한지에 대한 조사(이하 "생산적합성조사"라 한다)를 받으려는 경우에는 별지 제12호의2서식의 특별관리임산물 생산적합성조사신청서에 토지의 소유권 또는 사용권

·수익권을 증명할 수 있는 서류(토양이 특별관리임산물의 생산에 적합한지에 대한 조사를 받으려는 경우로서 토지 등기사항증명서로 확인할 수 없는 경우만 해당한다)를 첨부하여 법 제18조의2제1항에 따른 전문기관(이하 "전문기관"이라 한다)에 제출해야 한다. 〈개정 2012. 1. 26., 2016. 12. 29., 2022. 4. 7.〉

1. 삭제 〈2016. 12. 29.〉

2. 삭제 〈2016. 12. 29.〉

3. 삭제 〈2016. 12. 29.〉

② 제1항에 따른 생산적합성조사 신청서를 제출받은 전문기관의 장은 신청내용에 토양이 특별관리임산물의 생산에 적합한지에 대한 조사가 포함된 경우에는 「전자정부법」 제36조제1항에 따른 행정정보의 공동이용을 통하여 신청인의 다음 각 호의 서류를 확인해야 한다. 〈신설 2016. 12. 29., 2022 4. 7.〉

1. 토지 등기사항증명서(신청인이 토지의 소유자인 경우만 해당한다)

2. 임야대장

3. 임야도

③ 제1항에 따라 생산적합성조사 신청을 받은 전문기관은 30일 이내에 영 제17조의3제2항의 기준에 따라 생산적합성조사를 실시하고, 그 결과를 별지 제12호의3서식의 특별관리임산물 생산적합성조사결과증명서에 따라 신청인에게 알려야 한다. 다만, 부득이한 사유가 있는 경우에는 그 사유를 알리고 30일의 범위에서 그 기간을 연장할 수 있다. 〈개정 2016. 12. 29.〉

[본조신설 2011. 7. 25.]

[종전 제25조의2는 제25조의11로 이동 〈2011. 7. 25.〉]

제25조의3(특별관리임산물 생산의 신고 등) ① 법 제18조의2제1항에 따라 특별관리임산물 생산의 신고를 하려는 자는 별지 제12호의4서식의 특별관리임산물 생산신고서에 다음 각 호의 서류를 첨부하여 시장·군수·구청장에게 제출해야 한다. 〈개정 2012. 1. 26., 2013. 1. 23., 2016. 12. 29., 2022. 4. 7.〉

1. 토지의 소유권 또는 사용권·수익권을 증명할 수 있는 서류 1부(토지 등기사항증명서로 확인할 수 없는 경우에만 해당한다)

2. 토양·종자 또는 토양·종묘에 대한 특별관리임산물 생산적합성조사결과증명서 1부(영 제17조의3제1항에 해당하는 경우에는 제외하며, 종자 또는 종묘에 대해서는 타인이 받은 특별관리임산물 생산적합성조사결과증명서를 포함한다)

3. 삭제 〈2016. 12. 29.〉

4. 생산예정구역이 표시된 임야도 1부

② 제1항에 따라 특별관리임산물 생산신고서를 제출받은 시장·군수·구청장은 「전자정부법」 제36조제1항에 따른 행정정보의 공동이용을 통하여 토지 등기사항증명서(신고인이 토지의 소유자인 경우에만 해당한다) 및 임야대장을 확인해야 한다. 〈개정 2013. 1. 23., 2016. 12. 29., 2022. 4. 7.〉

③ 시장·군수·구청장은 제1항의 신고내용이 영 제17조의3제2항에 따른 기준에 적합한 경우 신고를 수리하고 별지 제12호의5서식의 특별관리임산물 생산신고확인증을 신고인에게 발급하여야 한다.

[본조신설 2011. 7. 25.]

[종전 제25조의3은 제25조의12로 이동 〈2011. 7. 25.〉]

제25조의4(특별관리임산물 생산의 변경신고 등) ① 법 제18조의2제3항에서 "농림축산식품부령으로 정하는 중요한 사항"이란 다음 각 호의 어느 하나에 해당하는 사항을 말한다. 〈개정 2013. 3. 23.〉

1. 특별관리임산물을 생산하는 자(이하 "생산자"라 한다)의 명의
2. 생산지의 주소·위치 및 면적
3. 파종 또는 식재연도

② 제1항 각 호의 어느 하나에 해당하는 사항의 변경을 신고하려는 자는 별지 제12호의6서식의 특별관리임산물 생산변경신고서에 이미 받은 특별관리임산물 생산신고확인증과 변경사항을 증명할 수 있는 서류를 첨부하여 시장·군수·구청장에게 제출하여야 한다.

③ 제2항에 따라 특별관리임산물 생산변경신고서를 제출받은 시장·군수·구청장은 변경사항을 확인한 후 타당하다고 인정되면 별지 제12호의5서식의 특별관리임산물 생산신고확인증을 신고인에게 다시 발급하여야 한다.

[본조신설 2011. 7. 25.]

[종전 제25조의4는 제25조의13으로 이동 〈2011. 7. 25.〉]

제25조의5(비료사용범위) 영 제17조의4제3항제3호 단서에서 "농림축산식품부령으로 정하는 유기질비료"란 어박, 골분, 대두박을 말한다. 〈개정 2013. 3. 23., 2022. 4 7.〉

[본조신설 2011. 7. 25.]

[종전 제25조의5는 제25조의14로 이동 〈2011. 7. 25.〉]

제25조의6(품질검사의 신청 등) ① 영 제17조의5제1항에 따라 특별관리임산물의 품질검사를 신청하려는 자는 별지 제12호의7서식의 특별관리임산물 품질검사신청서에 다음 각 호의 구분에 따른 서류를 첨부하여 전문기관에 제출하여야 한다. 〈개정 2012. 1. 26., 2013. 6. 12., 2016. 12. 29.〉

1. 생산자가 품질검사를 받으려는 경우

가. 특별관리임산물 채취예정구역의 소유권 또는 사용권·수익권을 증명할 수 있는 서류 1부(토지 등기사항증명서로 확인할 수 없는 경우만 해당한다)

나. 특별관리임산물 생산신고확인증 사본 1부

다. 전문기관에서 확인한 특별관리임산물 생산과정기록부 사본 1부

라. 삭제 〈2016. 12. 29.〉

2. 법 제18조의4에 따른 수입자가 품질검사를 받으려는 경우: 수입면장사본 1부

② 제1항제1호에 따라 특별관리임산물의 품질검사 신청서를 제출받은 전문기관의 장은 「전자정부법」 제36조제1항에 따른 행정정보의 공동이용을 통하여 신청인의 다음 각 호의 서류를 확인하여야 한다. 〈신설 2016. 12. 29., 2025. 3. 12.〉

1. 토지 등기사항증명서(신청인이 토지의 소유자인 경우만 해당한다)

2. 임야대장

3. 임야도

[본조신설 2011. 7. 25.]

제25조의7(품질검사결과의 통보) 영 제17조의5제2항에 따른 품질검사결과의 통보는 별지 제12호의8서식에 따른다.

[본조신설 2011. 7. 25.]

제25조의8(품질검사결과에 대한 이의신청) 영 제17조의6제1항에 따른 품질검사결과 이의신청서는 별지 제12호의9서식에 따른다.

[본조신설 2011. 7. 25.]

제25조의9(품질검사 합격증) 영 제17조의8제3항에 따른 품질검사 합격증은 별지 제12호의10서식에 따른다

[본조신설 2011. 7. 25.]

제25조의10(정보공개 방법 및 통계조사) ① 법 제18조의8에 따른 정보공개는 다음 각 호의 구분에 따른다. 〈개정 2019. 7. 9.〉

1. 법 제18조의8제1호 및 제2호의 경우: 전문기관의 인터넷 홈페이지에 공개

2. 법 제18조의8제3호의 경우: 시 · 도의 인터넷 홈페이지에 공개

② 법 제18조의9제1항에 따른 특별관리임산물의 생산 · 유통 · 소비 등에 관한 통계조사에는 다음 각 호의 사항이 포함되어야 한다. 〈신설 2019. 7. 9.〉

1. 특별관리임산물의 재배 및 생산 현황

2. 특별관리임산물의 유통 · 판매 · 소비 현황

3. 특별관리임산물의 가격 현황

4. 특별관리임산물의 수출입 현황

5. 특별관리임산물의 생산 · 검사 · 사후관리 현황

6. 국내외 특별관리임산물 산업동향 및 전망에 관한 사항

7. 그 밖에 특별관리임산물의 품질관리·육성에 필요하다고 산림청장이 인정하는 사항

③ 제2항에 따른 통계조사는 현지조사를 원칙으로 하고, 청문·통계자료·문헌 등을 이용한 간접조사를 병행할 수 있다. 〈신설 2019. 7. 9.〉

[본조신설 2011. 7. 25.]

[제목개정 2019. 7. 9.]

제25조의11(생산적합성조사 경비의 지원) 산림청장은 법 제18조의2제6항에 따라 같은 조 제1항 또는 제3항에 따른 신고 또는 변경신고가 수리된 생산자에 대하여 생산적합성조사에 소요된 경비의 전부 또는 일부를 지원할 수 있다. 〈개정 2020. 6. 4.〉

[본조신설 2017. 9. 22.]

제25조의12(품질검사 비용의 지원) 산림청장은 법 제18조의4제1항 후단에 따라 품질검사에 합격한 경우 그 품질검사 비용의 전부 또는 일부를 생산자에게 지원할 수 있다.

[본조신설 2017. 9. 22.]

제3장의2 임업기계장비의 품질인증 등 〈신설 2017. 9. 22.〉

제25조의13(임업기계장비의 품질인증 신청) 영 제17조의10제1항에 따라 법 제18조의12제1항에 따른 임업기계장비에 대한 품질인증(이하 "품질인증"이라 한다)을 신청하려는 자는 별지 제13호서식의 임업기계장비 품질인증 신청서에 다음 각 호의 서류를 첨부하여 법

제18조의15제1항에 따른 품질인증기관(이하 "품질인증기관"이라 한다)에 제출하여야 한다.

1. 임업기계장비의 규격 및 성능 설명서
2. 임업기계장비의 외관도
3. 임업기계장비의 사용설명서

[본조신설 2017. 9. 22.]

제25조의14(품질인증서의 발급 등) ① 영 제17조의10제2항에 따른 임업기계장비 품질인증서는 별지 제14호서식과 같다.

② 품질인증기관은 제1항에 따른 임업기계장비 품질인증서를 발급한 경우에는 그 사실을 품질인증기관의 인터넷 홈페이지에 게재하여야 한다.

[본조신설 2017. 9. 22.]

제25조의15(품질인증 심사결과에 대한 이의신청) 영 제17조의12제1항에 따라 품질인증 심사결과에 대하여 이의신청을 하려는 자는 별지 제15호서식의 임업기계장비 품질인증 심사결과 이의신청서에 그 사유를 증명하는 서류를 첨부하여 품질인증기관에 제출하여야 한다.

[본조신설 2017. 9. 22.]

제25조의16(품질인증의 표시) 법 제18조의13제1항에 따른 품질인증의 표시는 별표 3과 같다.

[본조신설 2017. 9. 22.]

제25조의17(품질인증의 취소) 품질인증기관은 법 제18조의14에 따라 품질인증을 취소한 경우에는 그 사실을 품질인증기관의 인터넷 홈페이지에 게재하여야 한다.

[본조신설 2017. 9. 22.]

제25조의18(품질인증기관의 지정기준) 산림청장은 법 제18조의15제1항에 따라 별표 4에 따른 품질인증기관의 지정기준을 갖춘 자를 품질인증기관으로 지정할 수 있다.

[본조신설 2017. 9. 22.]

제25조의19(품질인증기관의 지정절차 등) ① 법 제18조의15제1항에 따라 품질인증기관으로 지정받으려는 자는 별지 제16호서식의 임업기계장비 품질인증기관 지정신청서에 다음 각 호의 서류(전자문서를 포함한다)를 첨부하여 산림청장에게 제출하여야 한다.

1. 정관(법인인 경우만 해당한다) 또는 정관을 갈음할 수 있는 서류(법인이 아닌 경우만 해당한다)

2. 제25조의18에 따른 품질인증기관의 지정기준을 갖추었음을 증명하는 서류

② 산림청장은 제1항에 따른 신청을 받은 경우 「전자정부법」 제36조제1항에 따른 행정정보의 공동이용을 통하여 다음 각 호의 서류를 확인하여야 하며, 신청인이 제2호의 서류를 확인하는 것에 동의하지 아니하는 경우에는 해당 서류의 사본을 첨부하도록 하여야 한다.

1. 법인 등기사항증명서(신청인이 법인인 경우만 해당한다)

2. 기술인력의 국가기술자격 취득사항 확인서

③ 산림청장은 제1항에 따른 신청을 한 자가 제25조의18에 따른 품질인증기관의 지정기준에 적합한 경우에는 품질인증기관으로 지정하고 별지 제17호서식의 임업기계장비 품질인증기관 지정서를 발급

하여야 한다.

④ 산림청장은 제3항에 따라 품질인증기관을 지정한 경우에는 그 사실을 산림청의 인터넷 홈페이지에 게재하여야 한다.

[본조신설 2017. 9. 22.]

제25조의20(품질인증기관의 변경신고) ① 법 제18조의15제2항 본문에서 "농림축산식품부령으로 정하는 중요 사항"이란 다음 각 호의 어느 하나에 해당하는 사항을 말한다.

1. 품질인증기관의 명칭
2. 품질인증기관의 주소
3. 품질인증 대상 임업기계장비
4. 품질인증기관의 보유 인력ㆍ시설 및 장비

② 품질인증기관은 법 제18조의15제2항 본문에 따라 제1항 각 호의 어느 하나에 해당하는 사항이 변경된 경우에는 변경사유가 발생한 날부터 30일 이내에 별지 제18호서식의 임업기계장비 품질인증기관 변경신고서에 그 변경사항을 증명하는 서류를 첨부하여 산림청장에게 제출하여야 한다.

③ 산림청장은 제2항에 따라 임업기계장비 품질인증기관 변경신고서를 제출받은 경우 「전자정부법」 제36조제1항에 따른 행정정보의 공동이용을 통하여 다음 각 호의 서류를 확인하여야 하며, 신고인이 제2호의 서류를 확인하는 것에 동의하지 아니하는 경우에는 해당 서류의 사본을 첨부하도록 하여야 한다.

1. 법인 등기사항증명서(신고인이 법인인 경우만 해당한다)
2. 기술인력의 국가기술자격 취득사항 확인서(기술인력이 변경된

경우만 해당한다)

④ 산림청장은 제2항에 따라 임업기계장비 품질인증기관 변경신고서를 제출받은 경우 해당 변경 사항과 관련된 제25조의18에 따른 품질인증기관의 지정기준에 적합한지를 검토한 후 적합하다고 인정되면 별지 제17호서식의 임업기계장비 품질인증기관 지정서를 신고인에게 다시 발급하고 그 사실을 산림청의 인터넷 홈페이지에 게재하여야 한다.

[본조신설 2017. 9. 22.]

제25조의21(품질인증기관의 품질인증 업무의 범위) 법 제18조의15 제4항에 따른 품질인증기관의 품질인증 업무의 범위는 별지 제17호서식의 임업기계장비 품질인증기관 지정서에 명시된 품질인증 대상 임업기계장비에 대한 품질인증 업무로 한정한다.

[본조신설 2017. 9. 22.]

제25조의22(품질인증기관의 지정 취소 등) ① 법 제18조의16제1항에 따른 품질인증기관의 지정 취소 및 품질인증 업무정지의 세부기준은 별표 5와 같다.

② 산림청장은 법 제18조의16제1항에 따라 품질인증기관의 지정을 취소하거나 품질인증 업무정지를 명하려는 경우에는 별지 제19호서식의 임업기계장비 품질인증기관 지정 취소 또는 업무정지 통보서를 해당 품질인증기관에 서면으로 통보하여야 한다.

③ 산림청장은 제2항에 따라 품질인증기관의 지정을 취소하거나 품질인증 업무정지를 명한 경우에는 그 사실을 산림청의 인터넷 홈페이지에 게재하여야 한다.

[본조신설 2017. 9. 22.]

제4장 임업진흥권역의 지정 〈신설 2011. 7. 25.〉

제26조(임업진흥권역의 지정) ①산림청장 또는 시·도지사가 법 제19조제1항에 따라 임업진흥권역을 지정하면 산림청장은 그 임업진흥권역을 관할하는 시·도지사에게, 시·도지사는 산림청장에게 다음 각 호의 사항을 알려야 한다. 〈개정 2009. 6. 26., 2012. 1. 26.〉

1. 임업진흥권역의 명칭
2. 임업진흥권역의 위치와 면적
3. 임업진흥권역의 산지구분별 면적
4. 지정연월일

②시·도지사는 제1항에 따라 임업진흥권역의 지정을 통지받거나 법 제19조제1항제2호에 따라 임업진흥권역을 지정하면 시장·군수 또는 구청장에게 통지하고, 통지를 받은 시장·군수 또는 구청장은 그 내용을 해당 사유림의 소유자에게 알려야 한다. 〈개정 2012. 1. 26.〉

③임업진흥권역의 지정에 관하여 필요한 세부 사항은 산림청장이 정한다.

제27조(임업진흥권역의 지정변경 또는 해제) ① 법 제20조제5호에서 "농림축산식품부령으로 정하는 사유"란 다음 각 호의 어느 하나에 해당하는 사유를 말한다. 〈신설 2017. 9. 22.〉

1. 다른 법령에 따른 행위의 제한으로 임업진흥권역의 지정목적을

달성할 수 없다고 인정되는 때

2. 다른 법령에 따른 지역 · 지구 또는 구역 등으로 지정되어 임업진흥권역으로 유지 · 관리가 곤란한 때

②산림청장 또는 시 · 도지사가 법 제20조에 따라 임업진흥권역의 지정을 변경하거나 해제한 경우에는 산림청장은 그 임업진흥권역을 관할하는 시 · 도지사에게, 시 · 도지사는 산림청장에게 다음 각 호의 사항을 알려야 한다. 〈개정 2009. 6. 26., 2012. 1. 26., 2017. 9. 22.〉

1. 임업진흥권역의 명칭
2. 임업진흥권역의 위치 및 면적
3. 해제 또는 변경 사유
4. 해제 또는 변경연월일

③ 시 · 도지사가 제1항에 따라 임업진흥권역의 지정 변경이나 지정 해제를 통지받거나 법 제20조에 따라 임업진흥권역의 지정을 변경하거나 해제한 경우에는 시장 · 군수 또는 구청장에게 통지하고, 통지를 받은 시장 · 군수 또는 구청장은 그 내용을 해당 사유림의 소유자에게 알려야 한다. 〈개정 2012. 1. 26., 2017. 9. 22.〉

제28조(임업진흥계획의 수립) 법 제21조제1항에 따른 임업진흥계획에 포함되어야 하는 사항은 다음 각 호와 같다.

1. 조림과 육림계획
2. 주벌계획(主伐計劃)과 간벌계획(間伐計劃)
3. 임도시설 설치계획
4. 병해충 방제계획
5. 법 제6조에 따른 경영구조의 개선계획

6. 법 제7조에 따른 유통구조의 개선계획

7. 법 제10조에 따른 임산물가공업의 지원계획

제28조의2(특수용도목재생산구역의 관리) 법 제21조의2제2항에 따라 특수용도목재생산구역에서 벌채·조림 및 숲가꾸기를 실시하는 경우에는 다음 각 호의 기준에 따른다.

1. 벌채: 「산림자원의 조성 및 관리에 관한 법률 시행규칙」 별표3 제2호에 따른 벌채기준에 따라 실시할 것

2. 조림 ·숲가꾸기: 「산림자원의 조성 및 관리에 관한 법률 시행규칙」 제3조제4항에 따른 산림의 기능별 관리지침(목재생산림만 해당한다)에 따라 실시할 것

[본조신설 2011. 1. 14.]

제28조의3(특수용도목재생산구역의 변경·해제 사유) 법 제21조의2제3항제4호에서 "농림축산식품부령으로 정하는 사유"란 다음 각 호의 어느 하나에 해당하는 사유를 말한다. 〈개정 2013. 3. 23., 2015. 7. 20.〉

1. 병해충의 구제 및 예방을 위하여 필요한 경우

2. 「수목원·정원의 조성 및 진흥에 관한 법률」 제2조제1호에 따른 수목원 또는 같은 조 제1호의2에 따른 정원 조성을 위하여 필요한 경우

3. 「산림문화·휴양에 관한 법률」 제2조제2호부터 제4호까지의 규정에 따른 자연휴양림·산림욕장 및 치유의 숲 조성을 위하여 필요한 경우

4. 「산림자원의 조성 및 관리에 관한 법률」 제19조 및 제47조에

따른 채종림 및 시험림의 지정에 필요한 경우

5. 그 밖에 제1호부터 제4호까지와 유사한 사유로서 산림청장이 필요하다고 인정하는 경우

[본조신설 2011. 1. 14.]

제28조의4(특수용도목재생산구역에서 생산된 목재의 용도지정) 지방산림청장은 법 제21조의2제4항에 따라 특수용도목재생산구역에서 생산된 목재가 지정된 용도로 사용되도록 다음 각 호의 조치를 할 수 있다.

1. 생산된 목재에 대한 사용자의 지정

2. 목재 사용자에 대한 사용계획서 및 사용결과서의 제출

3. 지정용도 외로 사용되는 경우에 그 개선 및 시정

[본조신설 2011. 1. 14.]

제5장 산촌의 진흥 〈신설 2011. 7. 25.〉

제29조(산촌진흥기본계획) 법 제23조제2항제8호에서 "농림축산식품부령으로 정하는 사항"이란 다음 각 호의 사항을 말한다. 〈개정 2008. 3. 3., 2013. 3. 23., 2020. 6. 4.〉

1. 임업기능인의 양성과 영림단의 운영 등 산촌 인력육성에 관한 사항

2. 다른 법률에 따른 지역개발계획과의 연계와 지원에 관한 사항

제30조(산촌활성화지원센터의 지정) ① 영 제24조의3제2항에 따른 산촌활성화지원센터 지정신청서는 별지 제20호서식에 따른다.

② 영 제24조의3제3항에 따른 산촌활성화지원센터 지정서는 별지

제21호서식에 따른다.

[전문개정 2020. 6. 4.]

제31조(국공유 임산물의 양여신청) 영 제25조제3항에서 "농림축산식품부령으로 정하는 신청서"란 별지 제22호서식에 따른 국공유 임산물 무상양여신청서를 말한다. 〈개정 2008. 3. 3., 2013. 3. 23., 2017. 9. 22., 2020. 6. 4.〉

[제목개정 2020. 6. 4.]

제6장 보칙 〈신설 2013. 12. 31.〉

제31조의2(수수료) 법 제29조의3제5항 및 제30조의2에 따른 수수료의 금액 및 납부방법은 다음 각 호의 구분에 따른다.

1. 법 제29조의3제5항에 따른 수수료의 금액 및 납부방법: 별표 6
2. 법 제30조의2제1호 및 제2호에 따른 수수료의 금액 및 납부방법: 별표 7
3. 법 제30조의2제3호 및 제4호에 따른 수수료의 금액 및 납부방법: 별표 8

[본조신설 2017. 9. 22.]

제32조(규제의 재검토) ① 산림청장은 다음 각 호의 사항에 대하여 다음 각 호의 기준일을 기준으로 3년마다(매 3년이 되는 해의 기준일과 같은 날 전까지를 말한다) 그 타당성을 검토하여 개선 등의 조치를 하여야 한다. 〈개정 2019. 7. 9., 2019. 12. 2.〉

1. 제3조에 따른 임업후계자의 요건: 2017년 1월 1일
2. 제7조의2제1항에 따른 전문교육기관의 지정기준 등: 2017년

1월 1일

3. 제24조제2항에 따른 임업기계장비에 관한 기술교육의 기간: 2017년 1월 1일

4. 삭제 〈2019. 12. 2.〉

5. 제25조의5에 따른 특별관리임산물의 생산과정에서 사용할 수 있는 유기질비료의 범위: 2016년 1월 1일

6. 삭제 〈2019. 12. 2.〉

7. 삭제 〈2019. 12. 2.〉

② 산림청장은 다음 각 호의 사항에 대하여 다음 각 호의 기준일을 기준으로 5년마다(매 5년이 되는 해의 기준일과 같은 날 전까지를 말한다) 그 타당성을 검토하여 개선 등의 조치를 하여야 한다. 〈신설 2019. 12. 2.〉

1. 제25조의2에 따른 생산적합성조사 신청 첨부서류의 범위: 2020년 1월 1일

2. 제25조의6에 따른 품질검사신청 첨부서류의 범위: 2020년 1월 1일

[전문개정 2016. 12. 29.]

부칙 〈제1568호, 2007. 9. 6.〉

제1조 (시행일) 이 규칙은 공포한 날부터 시행한다.

제2조 (임업후계자에 관한 경과조치) 1998년 3월 3일 당시 종전의 산림법시행규칙 제9조의9에 따른 임업후계자로 선발된 자는 농림부령 제1282호 임업진흥촉진법시행규칙 제13조에 따른 임업후계자로

본다.

제3조 (임업후계자의 선발에 관한 경과조치) 1999년 4월 9일 당시 종전의 규정(농림부령 제1322호로 개정되기 전의 것을 말한다)에 따라 임업후계자로 선발된 자는 농림부령 제1322호 임업진흥촉진법시행규칙중일부개정령 제13조의 개정규정에 따라 임업후계자로 선발된 것으로 본다.

제4조 (임업기능인교육에 관한 경과조치) 2000년 6월 7일 당시 종전의 규정(농림부령 제1364호로 개정되기 전의 것을 말한다)에 따라 기능인영림단의 필수인력이 되기 위한 소정의 교육을 이수한 자는 농림부령 제1364호 임업진흥촉진법시행규칙중일부개정령 제14조의2의 개정규정에 따른 임업기능인교육을 이수한 것으로 본다.

제5조 (다른 법령과의 관계) 이 규칙 시행 당시 다른 법령에서 종전의 「임업 및 산촌 진흥촉진에 관한 법률 시행규칙」의 규정을 인용한 경우에 이 규칙 가운데 그에 해당하는 규정이 있으면 종전의 규정을 갈음하여 이 규칙의 해당 규정을 인용한 것으로 본다.

부칙 〈제3호, 2008. 3. 3.〉 (산림청과 그 소속기관 직제 시행규칙)

제1조(시행일) 이 규칙은 공포한 날부터 시행한다.

제2조 생략

제3조(다른 법령의 개정) ① 부터 ⑦ 까지 생략

⑧ 임업 및 산촌 진흥촉진에 관한 법률 시행규칙 일부를 다음과 같이 개정한다.

제2조 각 호 외의 부분, 제3조 각 호 외의 부분, 제20조, 제23조제1항, 제24조제1항, 제29조 각 호 외의 부분, 제30조제3항 각 호 외의 부분 및 제31조 중 "농림부령"을 각각 "농림수산식품부령"으로 한다.

⑨ 및 ⑩ 생략

부칙 〈제72호, 2009. 6. 26.〉

제1조(시행일) 이 규칙은 2009년 6월 27일부터 시행한다. 다만, 제9조제1항 및 별표 4의 개정규정 중 건조제재목에 관한 개정규정은 2010년 1월 1일부터, 합판, 파티클보드, 섬유판 및 마루판에 관한 개정규정은 2011년 1월 1일부터 시행한다.

제2조(행정처분기준에 관한 적용례) 별표 2 제1호 및 별표 3 제1호의 개정규정은 각각 이 규칙 시행 후 최초로 위반행위를 한 것부터 적용한다.

제3조(산촌개발사업계획의 변경에 관한 경과조치) 이 규칙 시행 당시 시·도지사에게 변경승인을 요청한 산촌개발사업계획에 대하여는 제30조제3항제1호의 개정규정에도 불구하고 종전의 규정에 따른다.

제4조(서식개정에 따른 경과조치) 이 규칙 시행 당시 종전의 규정에 따라 사용하던 서식은 2009년 12월 31일까지 이 규칙에 따른 서식과 함께 사용하거나 그 일부를 수정하여 사용할 수 있다.

부칙 〈제144호, 2010. 9. 1.〉

이 규칙은 2010년 9월 1일부터 시행한다.

부칙 〈제164호, 2011. 1. 14.〉

이 규칙은 공포한 날부터 시행한다

부칙 〈제198호, 2011. 7. 25.〉

제1조(시행일) 이 규칙은 공포한 날부터 시행한다.

제2조(특별관리임산물 생산의 신고에 관한 경과조치) 법률 제10025호 임업 및 산촌 진흥촉진에 관한 법률 일부개정법률 부칙 제2항에 따라 법 제18조의2제1항에 따른 특별관리임산물 생산의 신고를 하려는 자는 제25조의3의 개정규정에 따른 신고서 및 서류(임야도는 생산구역이 표시된 것으로 한다)와 함께 다음 각 호의 서류를 첨부하여 시장·군수·구청장에게 제출하여야 한다.

1. 생산사실이 나타나 있는 원경·근경의 사진 각 1부
2. 생산사실확인서 1부(동·리장을 포함한 주민 3명 이상이 연대서명한 것이거나 지방자치단체 소속의 특별관리임산물 담당공무원이 서명한 것만 해당한다)

부칙 〈제256호, 2012. 1. 26.〉

이 규칙은 2012년 1월 26일부터 시행한다. 다만, 제7조제2항의 개정규정 중 특별자치시장에 관한 부분은 2012년 7월 1일부터 시행한다.

부칙 〈제336호, 2013. 1. 23.〉 (법령서식 개선 등을 위한 국유림의 경영 및 관리에 관한 법률 시행규칙 등 일부개정령)

이 규칙은 공포한 날부터 시행한다.

부칙 〈제24호, 2013. 3. 23.〉 (산림청과 그 소속기관 직제 시행규칙)

제1조(시행일) 이 규칙은 공포한 날부터 시행한다.

제2조 생략

제3조(다른 법령의 개정) ①부터 ⑨까지 생략

⑩ 임업 및 산촌 진흥촉진에 관한 법률 시행규칙 일부를 다음과 같이 개정한다.

제2조 각 호 외의 부분, 제3조 각 호 외의 부분, 제7조의3제2항 각 호 외의 부분, 제20조, 제24조제1항, 제25조의4제1항 각 호 외의 부분, 제25조의5, 제28조의3 각 호 외의 부분, 제29조 각 호 외의 부분, 제30조제3항 각 호 외의 부분 및 제31조 중 "농림수산식품부령"을 각각 "농림축산식품부령"으로 한다.

⑪ 생략

부칙 〈제26호, 2013. 4. 16.〉

이 규칙은 2013년 4월 23일부터 시행한다.

부칙 〈제33호, 2013. 5. 23.〉 (목재의 지속가능한 이용에 관한 법률 시행규칙)

제1조(시행일) 이 규칙은 2013년 5월 24일부터 시행한다.

제2조(다른 법령의 개정) 임업 및 산촌 진흥촉진에 관한 법률 시행

규칙 일부를 다음과 같이 개정한다.

제9조부터 제12조까지, 제15조 및 제25조의14제1항 · 제2항을 각각 삭제한다.

별표 2 및 별표 3을 각각 삭제한다.

별지 제4호서식부터 별지 제11호서식까지를 각각 삭제한다.

제3조 생략

부칙 〈제35호, 2013. 6. 12.〉 (농림축산식품부 소관 친환경농어업 육성 및 유기식품 등의 관리 · 지원에 관한 법률 시행규칙)

제1조(시행일) 이 규칙은 공포한 날부터 시행한다. 〈단서 생략〉

제2조 부터 제9조까지 생략

제10조(다른 법령의 개정) ①부터 ③까지 생략

④ 임업 및 산촌 진흥촉진에 관한 법률 시행규칙 일부를 다음과 같이 개정한다.

제25조의6 제1호라목을 다음과 같이 한다.

라. 「친환경농어업 육성 및 유기식품 등의 관리 · 지원에 관한 법률」 제19조 및 제34조에 따라 품질인증을 받은 경우 품질검사성적서 사본 1부(「친환경농어업 육성 및 유기식품 등의 관리 · 지원에 관한 법률」 제19조 및 제34조에 따라 품질인증을 받은 경우에만 해당한다)

제11조 생략

부칙 〈제66호, 2013. 12. 31.〉 (행정규제기본법 개정에 따른

규제 재검토기한 설정을 위한 국유림의 경영 및 관리에 관한 법률 시행규칙 등 일부개정령)
이 규칙은 2014년 1월 1일부터 시행한다.

부칙 〈제96호, 2014. 7. 2.〉 (개인정보 보호를 위한 국유림의 경영 및 관리에 관한 법률 시행규칙 등 일부개정령)
이 규칙은 공포한 날부터 시행한다.

부칙 〈제106호, 2014. 9. 11.〉
이 규칙은 공포한 날부터 시행한다.

부칙 〈제118호, 2014. 12. 24.〉 (규제 재검토기한 설정 등 규제정비를 위한 국유림의 경영 및 관리에 관한 법률 시행규칙 등 일부개정령)
이 규칙은 2015년 1월 1일부터 시행한다.

부칙 〈제151호, 2015. 7. 20.〉 (수목원·정원의 조성 및 진흥에 관한 법률 시행규칙)
제1조(시행일) 이 규칙은 2015년 7월 21일부터 시행한다.
제2조(다른 법령의 개정) ① 및 ② 생략
③ 임업 및 산촌진흥 촉진에 관한 법률 시행규칙 일부를 다음과 같이 개정한다.
제28조의3제2호 중 "「수목원 조성 및 진흥에 관한 법률」 제2조제

1호에 따른 수목원"을 "「수목원·정원의 조성 및 진흥에 관한 법률」 제2조제1호에 따른 수목원 또는 같은 조 제1호의2에 따른 정원"으로 한다.

④ 생략

제3조 생략

부칙 〈제169호, 2015. 11. 11.〉 (규제 재검토기한 설정을 위한 사방사업법 시행규칙 등 일부개정령)

이 규칙은 공포한 날부터 시행한다

부칙 〈제184호, 2015. 12. 30.〉 (법령서식 일괄 개정을 위한 국유림의 경영 및 관리에 관한 법률 시행규칙 등 일부개정령)

이 규칙은 공포한 날부터 시행한다.

부칙 〈제232호, 2016. 12. 29.〉

제1조(시행일) 이 규칙은 공포한 날부터 시행한다.

제2조(특별관리임산물 품질검사 합격증 서식에 관한 경과조치) 이 규칙 시행 당시 종전의 별지 제12호의10서식에 따라 발급된 특별관리임산물 품질검사 합격증은 해당 품질검사의 유효기간까지 별지 제12호의10서식의 개정규정에 따라 발급된 특별관리임산물 품질검사 합격증으로 본다.

부칙 〈제288호, 2017. 9. 22.〉

이 규칙은 2017년 9월 22일부터 시행한다.

부칙 〈제327호, 2018. 8. 2.〉

이 규칙은 2019년 1월 1일부터 시행한다.

부칙 〈제378호, 2019. 7. 9.〉

이 규칙은 2019년 7월 9일부터 시행한다.

부칙 〈제394호, 2019. 9. 24.〉 (어려운 법령용어 정비를 위한 산림청 소관 10개 법령의 일부개정에 관한 농림축산식품부령)

이 규칙은 공포한 날부터 시행한다.

부칙 〈제401호, 2019. 12. 2.〉 (규제 재검토기한 설정 등을 위한 산림조합법 시행규칙 등 4개 부령 일부개정령)

이 규칙은 공포한 날부터 시행한다.

부칙 〈제403호, 2019. 12. 26.〉

이 규칙은 공포한 날부터 시행한다.

부칙 〈제430호, 2020. 6. 4.〉

이 규칙은 2020년 6월 4일부터 시행한다. 다만, 제25조의11의 개정규정은 공포한 날부터 시행한다.

부칙 〈제456호, 2020. 11. 27.〉

이 규칙은 2020년 11월 27일부터 시행한다. 다만, 제2조의2 및 제3조의 개정규정은 공포한 날부터 시행한다.

부칙 〈제489호, 2021. 8. 6.〉

이 규칙은 공포한 날부터 시행한다

부칙 〈제526호, 2022. 4. 7.〉

이 규칙은 공포한 날부터 시행한다

부칙 〈제711호, 2025. 3. 12.〉

이 규칙은 공포한 날부터 시행한다

별표 / 서식

[별표 1] 임업기계장비의 범위(제2조의2 관련)

[별표 2] 임산물 소득원의 지원 대상 품목(제7조제1항 관련)

[별표 2의2] 전문교육기관의 지정취소 및 시정명령의 세부기준(제8조 관련)

[별표 3] 품질인증의 표시(제25조의16 관련)

[별표 4] 품질인증기관의 지정기준(제25조의18 관련)

[별표 5] 품질인증기관의 지정 취소 및 품질인증 업무정지의 세부기준(제25조의22제1항 관련)

[별표 6] 임업에 관한 시험 등 수수료(제31조의2제1호 관련)

[별표 7] 생산적합성조사 및 품질검사 수수료(제31조의2제2호 관련)

[별표 8] 품질인증 및 품질인증기관의 지정 수수료(제31조의2제3호 관련)

[별지 제1호서식] 주산단지 지정신청서

[별지 제2호서식] 주산단지 운영실적보고서

[별지 제3호서식] 주산단지 운영평가서

[별지 제3호의2서식] 전문교육기관 지정신청서

[별지 제3호의3서식] 교육ㆍ훈련등 프로그램 신고서

[별지 제4호서식] 삭제 〈2013.5.23〉

[별지 제5호서식] 삭제 〈2013.5.23〉

[별지 제6호서식] 삭제 〈2013.5.23〉

[별지 제7호서식] 삭제 〈2013.5.23〉

[별지 제8호서식] 삭제 〈2013.5.23〉

[별지 제9호서식] 삭제 〈2013.5.23〉

[별지 제10호서식] 삭제 〈2013.5.23〉

[별지 제11호서식] 삭제 〈2013.5.23〉

[별지 제12호서식] 산지목재비축(변경)계약서

[별지 제12호의2서식] 특별관리임산물 생산적합성조사신청서

[별지 제12호의3서식] 특별관리임산물 생산적합성조사결과증명서

[별지 제12호의4서식] 특별관리임산물 생산신고서(신규생산예정지, 기존 생산지)

[별지 제12호의5서식] 특별관리임산물 생산신고확인증

[별지 제12호의6서식] 특별관리임산물 생산변경신고서

[별지 제12호의7서식] 특별관리임산물 품질검사신청서

[별지 제12호의8서식] 특별관리임산물 품질검사결과증명서

[별지 제12호의9서식] 특별관리임산물 품질검사결과 이의신청서

[별지 제12호의10서식] 특별관리임산물 품질검사 합격증

[별지 제13호서식] 임업기계장비 품질인증 신청서

[별지 제14호서식] 임업기계장비 품질인증서

[별지 제15호서식] 임업기계장비 품질인증 심사결과 이의신청서

[별지 제16호서식] 임업기계장비 품질인증기관 지정신청서

[별지 제17호서식] 임업기계장비 품질인증기관 지정서

[별지 제18호서식] 임업기계장비 품질인증기관 변경신고서

[별지 제19호서식] 임업기계장비 품질인증 기관 (지정 취소, 업무 정지) 통보서

[별지 제20호서식] 산촌활성화지원센터 지정신청서

[별지 제21호서식] 산촌활성화지원센터 지정서

[별지 제22호서식] 국공유 임산물 무상양여신청서

대한민국 법령 시리즈 501

임업 및 산촌 진흥촉진에 관한 법률

(약칭 : 임업진흥법)

법 령 / 시 행 령 / 시 행 규 칙

2025년 8월 8일 인쇄 정가 17,000원
2025년 8월 18일 발행

편 저 편집부
디 자 인 송영미
발 행 인 조준형
발 행 처 해광출판사
주 소 부산광역시 중구 해관로 41-1 (중앙동2가)
전화번호 (051) 253-0001 팩스 (051) 245-1187
등 록 제 2012-000005호
http://www.hgbookpub.com
E-mail : munbookcokr@naver.com

해광출판사에서는 여러분의 소중한 원고와 함께 할 기회를 기다리고 있습니다. 책으로 엮을 원고나 아이디어가 있으신 분들은 이메일 munbookcokr@naver.com로 책에 대한 간단한 개요와 원고 전체 또는 일부를 연락처와 함께 보내주십시오.

ISBN 979-11-6881-864-4

※ 법령 출처 : 법제처 국가법령정보센터
※ 본 도서는 〈공공데이터 제공 및 이용 활성화에 관한 법률〉을 근거로 출판되었습니다.

해광출판사 대한민국 법령 시리즈

139. 화학물질의 등록 및 평가 등에 관한 법률
140. 환경오염시설의 통합관리에 관한 법률
141. 환경오염피해 배상책임 및 구제에 관한 법률
142. 중소기업제품 구매촉진 및 판로지원에 관한 법률
143. 환경개선비용 부담법
144. 환경분야 시험·검사 등에 관한 법률
145. 환경친화적 산업구조로의 전환촉진에 관한 법률
146. 환경친화적 자동차의 개발 및 보급 촉진에 관한 법률
147. 환경범죄 등의 단속 및 가중처벌에 관한 법률
148. 생명윤리 및 안전에 관한 법률
149. 장애인차별금지 및 권리구제 등에 관한 법률
150. 부동산투자회사법
151. 정치자금법
152. 과학기술기본법
153. 대리점거래의 공정화에 관한 법률
154. 상속세 및 증여세법
155. 학원의 설립 · 운영 및 과외교습에 관한 법률
156. 해양심층수의 개발 및 관리에 관한 법률
157. 전기용품 및 생활용품 안전관리법
158. 사회기반시설에 대한 민간투자법
159. 공직선거법
160. 정당법
161. 유류오염손해배상 보장법
162. 부정청탁 및 금품등 수수의 금지에 관한 법률
163. 항로표지법
164. 어장관리법
165. 민방위기본법
166. 공직자윤리법
167. 선거관리위원회법
168. 유선 및 도선 사업법
169. 전기공사업법
170. 사회복지사업법
171. 택지개발촉진법
172. 국가공무원법
173. 민간임대주택에 관한 특별법
174. 어음법·수표법
175. 민사집행법
176. 상법
177. 문화예술진흥법
178. 중소기업협동조합법
179. 농업협동조합법
180. 도로교통법
181. 의료사고 피해구제 및 의료분쟁 조정 등에 관한 법률
182. 산림보호법
183. 소년법
184. 동물보호법
185. 건축물관리법
186. 도시개발법
187. 화물자동차 운수사업법
188. 도시 및 주거환경정비법
189. 의료법
190. 국회법
191. 응급의료에 관한 법률
192. 출입국관리법
193. 노인복지법
194. 산림자원의 조성 및 관리에 관한 법률
195. 청소년 보호법
196. 초 · 중등교육법
197. 혁신도시 조성 및 발전에 관한 특별법
198. 경제자유구역의 지정 및 운영에 관한 특별법
199. 공공기관의 운영에 관한 법률
200. 대한민국헌법
201. 국민기초생활 보장법
202. 저작권법
203. 가사소송법
204. 국가유공자 등 예우 및 지원에 관한 법률
205. 국민체육진흥법
206. 전통주 등의 산업진흥에 관한 법률
207. 재난 및 안전관리 기본법
208. 정보통신공사업법
209. 주식회사 등의 외부감사에 관한 법률
210. 공익사업을 위한 토지 등의 취득 및 보상에 관한 법률
211. 개인정보 보호법
212. 국세기본법
213. 에너지이용 합리화법
214. 감정평가 및 감정평가사에 관한 법률
215. 국가인권위원회법
216. 가맹사업거래의 공정화에 관한 법률
217. 보건의료기본법
218. 산업안전보건법
219. 법무사법
220. 교육공무원법
221. 특허법
222. 민사소송법
223. 아동복지법
224. 전파법
225. 하도급거래 공정화에 관한 법률
226. 기초연금법
227. 사립학교교직원 연금법
228. 직업안정법
229. 장애아동 복지지원법
230. 부동산등기법
231. 자동차손해배상 보장법
232. 철도안전법
233. 항공안전법
234. 전자상거래 등에서의 소비자보호에 관한 법률
235. 독점규제 및 공정거래에 관한 법률
236. 상표법
237. 채무자 회생 및 파산에 관한 법률
238. 공무원연금법
239. 축산법
240. 근로복지기본법
241. 민원 처리에 관한 법률
242. 약사법
243. 방문판매 등에 관한 법률
244. 건축기본법
245. 지방세기본법
246. 지방세징수법
247. 지방자치법
248. 도시교통정비 촉진법
249. 공공주택 특별법
250. 국세징수법
251. 공인노무사법
252. 중대재해 처벌 등에 관한 법률
253. 외무공무원법
254. 소방시설공사업법
255. 검역법
256. 공중위생관리법
257. 할부거래에 관한 법률
258. 인터넷 멀티미디어 방송사업법
259. 전기통신사업법
260. 제품안전기본법
261. 철도사업법
262. 어린이제품 안전 특별법
263. 영유아보육법
264. 원자력안전법
265. 보험업법
266. 경비업법
267. 교통안전법
268. 세무사법
269. 관세사법
270. 공인회계사법
271. 지방공무원법
272. 고용정책 기본법
273. 국가경찰과 자치경찰의 조직 및 운영에 관한 법률
274. 협동조합 기본법
275. 재해구호법
276. 환경보건법

해광출판사 대한민국 법령 시리즈

277. 자살예방 및 생명존중문화 조성을 위한 법률
278. 소방산업의 진흥에 관한 법률
279. 소방기본법
280. 비송사건절차법
281. 자연환경보전법
282. 변호사법
283. 기업구조조정투자회사법
284. 전기통신기본법
285. 에너지법
286. 해양생태계의 보전 및 관리에 관한 법률
287. 사회보장기본법
288. 통신비밀보호법
289. 공증인법
290. 물류시설의 개발 및 운영에 관한 법률
291. 청소년활동 진흥법
292. 형의 집행 및 수용자의 처우에 관한 법률
293. 도시공원 및 녹지 등에 관한 법률
294. 태권도 진흥 및 태권도공원 조성 등에 관한 법률
295. 녹색건축물 조성 지원법
296. 우편법
297. 예금자보호법
298. 건설산업기본법
299. 금융회사의 지배구조에 관한 법률
300. 장애인활동 지원에 관한 법률
301. 언론중재 및 피해구제 등에 관한 법률
302. 국가재정법
303. 농지법
304. 게임산업진흥에 관한 법률
305. 정신건강증진 및 정신질환자 복지서비스 지원에 관한 법률
306. 디자인보호법
307. 의료기사 등에 관한 법률
308. 스마트도시 조성 및 산업진흥 등에 관한 법률
309. 내수면어업법
310. 한국주택금융공사법
311. 의료기기법
312. 유통산업발전법
313. 전통시장 및 상점가 육성을 위한 특별법
314. 여신전문금융업법
315. 해외자원개발 사업법
316. 산업교육진흥 및 산학연협력촉진에 관한 법률
317. 빈집 및 소규모주택 정비에 관한 특례법
318. 기업도시개발 특별법
319. 전력기술관리법
320. 국토기본법
321. 지하수법
322. 식품위생법
323. 광업법
324. 호스피스·완화의료 및 임종과정에 있는 환자의 연명의료결정 에 관한 법률
325. 주식·사채 등의 전자등록에 관한 법률
326. 표시·광고의 공정화에 관한 법률
327. 골재채취법
328. 국민건강증진법
329. 새마을금고법
330. 여객자동차 운수사업법
331. 마리나항만의 조성 및 관리 등에 관한 법률
332. 한부모가족지원법
333. 국가를 당사자로 하는 계약에 관한 법률
334. 지방자치단체를 당사자로 하는 계약에 관한 법률
335. 축산물 위생관리법
336. 병역법
337. 음악산업진흥에 관한 법률
338. 국가균형발전 특별법
339. 첨단재생의료 및 첨단바이오의약품 안전 및 지원에 관한 법률
340. 공간정보의 구축 및 관리 등에 관한 법률
341. 공유수면 관리 및 매립에 관한 법률
342. 농수산물 유통 및 가격안정에 관한 법률
343. 아시아문화중심도시 조성에 관한 특별법
344. 신탁법
345. 자연공원법
346. 생활화학제품 및 살생물제의 안전관리에 관한 법률
347. 군인사법
348. 국제조세조정에 관한 법률
349. 낙동강수계 물관리 및 주민지원 등에 관한 법률
350. 주민등록법
351. 집합건물의 소유 및 관리에 관한 법률
352. 집단에너지사업법
353. 산림조합법
354. 반도체집적회로의 배치설계에 관한 법률
355. 자본시장과 금융투자업에 관한 법률
356. 담보부사채신탁법
357. 근로자퇴직급여 보장법
358. 국제과학비즈니스벨트 조성 및 지원에 관한 특별법
359. 수도법
360. 식품 등의 표시·광고에 관한 법률
361. 약관의 규제에 관한 법률
362. 인삼산업법
363. 종자산업법
364. 항공사업법
365. 건설기계관리법
366. 군형법
367. 궤도운송법
368. 기술의 이전 및 사업화 촉진에 관한 법률
369. 농수산물의 원산지 표시 등에 관한 법률
370. 담배사업법
371. 석유 및 석유대체연료 사업법
372. 가축전염병 예방법
373. 농어촌정비법
374. 식물신품종 보호법
375. 항공보안법
376. 중소기업창업 지원법
377. 군사법원법
378. 우주개발 진흥법
379. 해저광물자원 개발법
380. 산림복지 진흥에 관한 법률
381. 지능형 로봇 개발 및 보급 촉진법
382. 헌법재판소법
383. 옥외광고물 등의 관리와 옥외광고산업 진흥에 관한 법률
384. 혈액관리법
385. 국제항해선박 등에 대한 해적행위 피해예방에 관한 법률
386. 유료도로법
387. 독립유공자예우에 관한 법률
388. 신에너지 및 재생에너지 개발·이용·보급 촉진법
389. 신용정보의 이용 및 보호에 관한 법률
390. 출판문화산업 진흥법
391. 공항시설법
392. 국민 평생 직업능력 개발법
393. 아동·청소년의 성보호에 관한 법률
394. 방송법쉬
395. 신용보증기금법
396. 화장품법
397. 청소년 기본법
398. 인터넷주소자원에 관한 법률
399. 양곡관리법
400. 도로명주소법
401. 전자문서 및 전자거래 기본법
402. 산업기술의 유출방지 및 보호에 관한 법률
403. 국가기술자격법
404. 양식산업발전법
405. 산업기술혁신 촉진법
406. 새만금사업 추진 및 지원에 관한 특별법
407. 전자정부법
408. 지역 개발 및 지원에 관한 법률
409. 한국농어촌공사 및 농지관리기금법
410. 계량에 관한 법률
411. 기업활동 규제완화에 관한 특별조치법
412. 군에서의 형의 집행 및 군수용자의 처우에 관한 법률

해광출판사 대한민국 법령 시리즈

413. 규제자유특구 및 지역특화발전특구에 관한 규제특례법
414. 금융위원회의 설치 등에 관한 법률
415. 남녀고용평등과 일·가정 양립 지원에 관한 법률
416. 농어업인 삶의 질 향상 및 농어촌지역 개발촉진에 관한 특별법
417. 댐건설·관리 및 주변지역지원 등에 관한 법률
418. 국가유산수리 등에 관한 법률
419. 법원조직법
420. 보훈보상대상자 지원에 관한 법률
421. 부패방지 및 국민권익위원회의 설치와 운영에 관한 법률
422. 과학기술분야 정부출연연구기관 등의 설립·운영 및 육성에 관한 법률
423. 연구개발특구의 육성에 관한 특별법
424. 친환경농어업 육성 및 유기식품 등의 관리·지원에 관한 법률
425. 연안관리법
426. 영화 및 비디오물의 진흥에 관한 법률
427. 신용협동조합법
428. 방송통신발전 기본법
429. 범죄피해자 보호법
430. 가축 및 축산물 이력관리에 관한 법률
431. 국가표준기본법
432. 국가통합교통체계효율화법
433. 범죄인 인도법
434. 국가과학기술 경쟁력 강화를 위한 이공계지원 특별법
435. 국제경기대회 지원법
436. 금융혁신지원 특별법
437. 수자원의 조사·계획 및 관리에 관한 법률
438. 축산자조금의 조성 및 운용에 관한 법률
439. 소방시설 설치 및 관리에 관한 법률
440. 양성평등기본법
441. 축산계열화사업에 관한 법률
442. 수입식품안전관리 특별법
443. 대외무역법
444. 국가연구개발사업 등의 성과평가 및 성과관리에 관한 법률
445. 무역보험법
446. 기술사법
447. 광산안전법
448. 농약관리법
449. 농업·농촌 및 식품산업 기본법
450. 문화산업진흥 기본법
451. 부담금관리 기본법
452. 야생생물 보호 및 관리에 관한 법률
453. 한국은행법
454. 별정우체국법
455. 원양산업발전법
456. 콘텐츠산업 진흥법
457. 한국수출입은행법
458. 외국인투자 촉진법
459. 물류정책기본법
460. 전자서명법
461. 산업발전법
462. 산업표준화법
463. 소프트웨어 진흥법
464. 토지이용규제 기본법
465. 해수욕장의 이용 및 관리에 관한 법률
466. 정보통신 진흥 및 융합 활성화 등에 관한 특별법
467. 정보통신산업 진흥법
468. 지진·화산재해대책법
469. 소금산업진흥법
470. 위치정보의 보호 및 이용 등에 관한 법률
471. 외국법자문사법
472. 이러닝(전자학습)산업 발전 및 이러닝 활용 촉진에 관한 법률
473. 암관리법
474. 실용신안법
475. 가족관계의 등록 등에 관한 법률
476. 무인도서의 보전 및 관리에 관한 법률
477. 감사원법
478. 정보보호산업의 진흥에 관한 법률
479. 결혼중개업의 관리에 관한 법률
480. 공익신고자 보호법
481. 박물관 및 미술관 진흥법
482. 낚시 관리 및 육성법
483. 동산·채권 등의 담보에 관한 법률
484. 임금채권보장법
485. 국민투표법
486. 농림수산업자 신용보증법
487. 국가채권 관리법
488. 중소기업은행법
489. 식품안전기본법
490. 외국환거래법
491. 발명진흥법
492. 건설기술 진흥법
493. 기후위기 대응을 위한 탄소중립·녹색성장 기본법
494. 인체조직안전 및 관리 등에 관한 법률
495. 엔지니어링산업 진흥법
496. 신문 등의 진흥에 관한 법률
497. 식물방역법
498. 석탄산업법
499. 산업융합 촉진법
500. 비료관리법
501. 임업 및 산촌 진흥촉진에 관한 법률
502. 복권 및 복권기금법
503. 대규모유통업에서의 거래 공정화에 관한 법률
504. 뉴스통신 진흥에 관한 법률
505. 지능정보화 기본법
506. 자격기본법
507. 중소기업 기술혁신 촉진법
508. 국가공간정보 기본법
509. 농어업재해대책법
510. 방송광고판매대행 등에 관한 법률
511. 지식재산 기본법
512. 초고층 및 지하연계 복합건축물 재난관리에 관한 특별법
513. 해양 조사와 해양정보 활용에 관한 법률
514. 공간정보산업 진흥법
515. 공공기관의 정보공개에 관한 법률
516. 행정기본법
517. 해상교통안전법
518. 농어업재해보험법
519. 문화유산의 보존 및 활용에 관한 법률
520. 자연유산의 보존 및 활용에 관한 법률
521. 국토의 계획 및 이용에 관한 법률
522. 건축법
523. 국민건강보험법
524. 계엄법
525. 환경친화적 선박의 개발 및 보급 촉진에 관한 법률
526. 해양폐기물 및 해양오염퇴적물 관리법
527. 연안사고 예방에 관한 법률
528. 전기안전관리법
529. 의약품 등의 안전에 관한 규칙
530. 공공보건의료에 관한 법률
531. 군보건의료에 관한 법률
532. 농어촌 등 보건의료를 위한 특별조치법
533. 보호소년 등의 처우에 관한 법률
534. 국가를 당사자로 하는 소송에 관한 법률
535. 간호법
536. 국립묘지의 설치 및 운영에 관한 법률
537. 주류 면허 등에 관한 법률
538. 부가가치세법

*** 해광출판사의 법령 시리즈는 계속 발행 됩니다.**
**** 각 도서의 개정판은 인쇄일을 기준으로 제작 되었습니다.**